ハンディシリーズ
発達障害支援・
特別支援教育ナビ
柘植雅義◎監修

笹森洋樹 編著

通級における指導・支援の最前線

- 笹森洋樹
- 山下公司
- 松本妙子
- 近藤幸男
- 伊藤陽子
- 川村修弘
- 熊本　靖
- 冢田三枝子
- 堀川淳子
- 山中ともえ
- 加藤典子
- 大塚　玲

金子書房

「発達障害支援・特別支援教育ナビ」の刊行にあたって

　2001年は，新たな世紀の始まりであると同時に，1月に文部科学省の調査研究協力者会議が「21世紀の特殊教育の在り方について ～一人一人のニーズに応じた特別支援の在り方について～」という最終報告書を取りまとめ，従来の特殊教育から新たな特別支援教育に向けた転換の始まりの年でもありました。特に画期的だったのは，学習障害（LD），注意欠如多動性障害（ADHD），高機能自閉症等，知的障害のない発達障害に関する教育の必要性が明記されたことです。20世紀の終わり頃，欧米などの他国と比べて，これらの障害への対応は残念ながら日本は遅れ，国レベルでの対応を強く求める声が多くありました。

しかし，その2001年以降，取り組みがいざ始まると，発達障害をめぐる教育実践，教育行政，学術研究，さらにはその周辺で深くかかわる福祉，医療，労働等の各実践，行政，研究は，今日まで上手い具合に進みました。スピード感もあり，時に，従来からの他の障害種から，羨望の眼差しで見られるようなこともあったと思われます。

そして14年が過ぎた現在，発達障害の理解は進み，制度も整い，豊かな実践も取り組まれ，学術研究も蓄積されてきました。以前と比べれば隔世の感があります。さらに，2016年4月には，障害者差別解消法が施行されます。そこで，このような時点に，発達障害を巡る種々の分野の成長の全容を，いくつかのテーマにまとめてシリーズとして分冊で公表していくことは非常に重要です。そして，発達障害を理解し，支援をしていく際に，重要度の高いものを選び，その分野において第一線で活躍されている方々に執筆していただきます。各テーマを全体的に概観すると共に，そのテーマをある程度深く掘り下げてみるという2軸での章構成を目指しました。シリーズが完成した暁には，我が国における発達障害にかかわる教育を中心とした現時点での到達点を集めた集大成ということになると考えています。

最後になりましたが，このような画期的なアイデアを提案して下さった金子書房の先見性に深く感謝するとともに，本シリーズが，我が国における発達障害への理解と支援の一層の深まりに貢献してくれることを願っています。

2014年9月

シリーズ監修　柘植雅義

Contents

第1章

通級による指導の現状と課題

笹森洋樹

1 通級による指導とは

　通級による指導とは，小学校，中学校，高等学校の通常の学級に在籍している，言語障害，情緒障害，弱視，難聴などの障害がある児童生徒のうち，比較的軽度の障害がある児童生徒に対して，各教科等の指導は主として通常の学級で行いつつ，個々の障害の状態に応じた特別の指導を通級指導教室のような特別の指導の場で行う教育形態である。平成5年に学校教育法施行規則が改正され正式な制度として始まった。平成18年4月に学校教育施行規則の一部が改正され，新たにLD，ADHDが通級の対象として加えられた。

　通級による指導の対象は，通常の学級での学習におおむね参加でき，一部特別な指導を必要とする程度のものとされている。これは通常の教育課程に加えるあるいはその一部に替える等して特別の教育課程による教育を行う制度であり，通常の学級で教育を受けることを基本としているためである。したがって特別支援学級や特別支援学校に在籍する児童生徒については指導の対象とはならない（図1-1）。通級の対象かどうかの判断は，校内委員会で検討するとともに専門家チームや巡回相談を活用するなどして客観性をもって判断する必要がある。医学的な診断のみにとらわれず総合的に判断することが大切である。指導時間については，年間35単位時間（週1単位時間）からおおむね年間280単位時間（週8単位時間）以内が標準とされている。LD，ADHDの場合は，月1単位時間程度でも指導上の効果が期待できる場合があるとされている。

　平成28年3月に高等学校における特別支援教育の推進に関する調査協力者会議により「高等学校における通級による指導の制度化及び充実方策について（報告）」がまとめられ，平成30年4月1日より，高等学校においても通級による指

導が開始された。同報告には,「通級による指導の導入は,障害のある生徒を特別な場に追いやるものであってはならない」と述べられている。

2 通級による指導の現状

　文部科学省の「通級による指導実施状況調査」によれば,小,中,高等学校において通級による指導を受けている児童生徒数は年々増加傾向にある。ここ数年は年間1万人単位で増えており,平成29年度に10万人を超え,令和元年度は13万人に達している。令和元年度の調査によれば,小学校が全体の87%を占め,中学校が12.5%,高等学校が0.5%となっている。障害種別では,小学校では言語障害が最も多く,自閉症,ADHD,LD,情緒障害と続いている。中学校ではLDが最も多く,自閉症,ADHD,情緒障害と続き,これらの4障害で全体の90%を超えている。小学校と中学校では指導を受けている児童生徒の障害種別にも違いがある。始まったばかりの高等学校では全体の数は少ないが自閉症が最も多い。年間の増加率もADHD,情緒障害,LD,自閉症,言語障害の順に多い。弱視や難聴等は,早期発見により特別支援学校,特別支援学級でも専門的な教育が保障されていることから,通級による指導は,言語障害や発達障

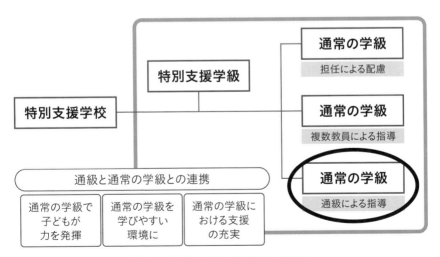

図1-1　通常の学級で学ぶための制度

害等がその中心となっていることがわかる。早期からのスクリーニングにより，構音障害や吃音，言語発達遅滞に対する指導に焦点をあてる言語障害と，成長段階により問題は変化し，環境も不適応の要因として関与することが多くなる発達障害では指導内容や指導方法も大きく異なってくる。特に発達障害については，アセスメントから指導計画・実践・評価まで体系化されたものはまだないため，担当者の力量に委ねられている現状がある。

　なお，通級による指導を担当する教員は，有する専門性や指導方法の類似性に応じて複数の障害に対応することができる。例えば，言語障害や自閉症を専門とする通級による指導の担当者が，その有する専門性によりLDやADHDのある児童生徒の指導もできる。担当者の力量により，様々な障害種別の児童生徒が通っている通級指導教室があるという現状もある。

3 特別の教育課程による特別の指導

　特別の教育課程による特別の指導とは，障害による学習上又は生活上の困難を改善し，又は克服することを目的とする特別支援学校の自立活動に相当する指導を指す。特に必要があるときは，障害の状態に応じて各教科の内容を取り扱いながら行うこともできるが，単に学習の遅れを取り戻す目的の指導を行うことはできない。各教科の内容を取り扱う場合でも，障害による学習上又は生活上の困難を改善し，又は克服することを目的とする指導として行う。通級による指導を通常の学級の教科指導として代替することはできない。通級による指導は，一人一人の実態に応じた個別の指導計画を作成し，それに基づき指導を行い，目標の達成により評価をすることになる。高等学校の場合は卒業までに必要な修得単位としても認められる。

　通級による指導を受けている児童生徒は，通常の学級で教育を受けることを基本としている児童生徒である。通級による指導は，通常の学級における児童生徒の学習上又は生活上の適応の改善が図られてこそ，指導の成果があったといえる。通常の学級における適応状態を改善していくことが目的の一つでもある通級による指導では，児童生徒の在籍校における適応状態がどのように変容したのか，学級担任等と連携し随時学習の進捗状況等について情報交換するこ

とが指導の評価と直結してくる。指導の成果や生徒の変容について，保護者，担任等と共通理解しやすい段階的な目標設定や客観的な評価方法を工夫することが望まれる。

　通級による指導が通常の学級における指導につながり，在籍学級での適応状態が改善している事例も多く見られる一方で，トレーニング的要素が強く，指導の成果が通級指導教室だけにとどまっている場合もある。また，特に必要があるときは，各教科の内容を取り扱いながら障害に応じた指導を行うことができるが，これは単に学習の遅れを取り戻すための指導ではなく，自分に合った学び方，学習方略を習得するための指導を意味している。例えば，読み書き等の学習面に困難さを抱える児童生徒の場合，失敗経験が積み重なり，学習面のつまずきが生活面や行動面に二次的な影響を及ぼしている場合も少なくない。自己評価や学習意欲を高めることを基本に，学び方や学習方略の手がかり等を通常の学級における指導や合理的配慮へつなげていくことが重要である。

4　個別の指導計画の作成と評価

　発達障害等のある児童生徒の場合は，コミュニケーションスキルやソーシャルスキル，アカデミックスキルなどのスキルを習得することが目的ではなく，習得したスキルを，日常生活においてどのように活用できるかが目的となる。通級指導教室だけで学びが向上しても，在籍学級での学びが高まらなければ通級による指導の成果があったとはいえない。成果の指標は，指導者側ではなく児童生徒一人一人について考えることになる。あらかじめ決まった評価指標はない。通常の学級における適応状態と連動した評価指標の検討が課題である。

　通級による指導は，アセスメントをもとに個別の指導計画のPDCAサイクルを機能させることが重要である。個別の指導計画の作成は，行動観察をもとに，児童生徒の実態についての現状把握から始まる。実態把握では，課題や困難な点ばかりに焦点を当てるのではなく，できていることや少しの支援により達成可能なことなどにも注目する。学級集団の実態，教師と児童生徒の関係，児童生徒同士の関係等の学習環境の情報も整理しておく。こうした情報の整理が，学級経営や生徒指導の見直し，授業改善等にもつながっていく。

個別の指導計画に基づき指導を実践し，指導の成果をできるだけ客観的に評価するためには，指導目標が重要になる。目標設定があいまいでは，目標達成の評価ができない。「いつまでに，何を，どこまで，どのように」できるようになるという過程をある程度明確にしておく。本人，保護者，担任等の教育的ニーズを把握することも重要である。指導の評価は，児童生徒の学習状況の評価（目標の達成状況，取組状況など）と指導者の指導に関する評価（目標設定，内容・方法，手立てなど）の両面から行う。適応上の困難さの軽減，問題解決能力の向上，意欲や自己効力感の高まり，自己理解の促進，二次的な問題の改善，周囲の関係者のかかわり方の改善等も評価の指標となる。

5　自校通級・他校通級・巡回による指導

　通級による指導には，在籍している学校において行う「自校通級」，在籍している学校以外の場で行う「他校通級」と，「他校通級」では児童生徒の移動による心身の負担や移動時間の学習が保障されないなどの課題から，教員の「巡回による指導」がある。自校で通級による指導を受けられる機会を増やす等の環境整備を図っていくことから，東京都のようにすべての学校で通級による指導が受けられるように巡回指導型の導入を検討している自治体も増えてきている。
　「自校通級」「他校通級」，また「巡回による指導」も，それぞれ良い点と課題点がある。「自校通級」の場合は，校内で柔軟な対応が可能になる。時間割の一部を通級指導教室で指導を受け，また在籍学級に戻り学習することができる。通級による指導の担当者と担任等が日常的に情報交換を行うことが可能である。課題としては，学級を抜けて自分だけ他の教室で指導を受けることに対する抵抗感を感じる児童生徒がいること，学級でのトラブルをそのまま持ち込み気持ちの切り替えがなかなかできない場合があること，小集団指導が計画しにくいことなどが挙げられる。「他校通級」の場合は，在籍校のトラブルを引きずらずに気持ちを切り替えて指導を受けることができること，他校にも友だちができることなどが良い点として挙げられる。課題としては，通級に要する時間や保護者の付き添いの負担，担任等との話し合いのための時間確保の難しさなどがある。「巡回による指導」は，児童生徒が在籍校において指導を受けることがで

きるが，「自校通級」と同様の課題もある。また，複数の学校を巡回する担当者の負担，教室環境や教材・教具等の整備などの課題がある。

6 小学校・中学校における通級による指導

　小学校は学級担任制であり，１人の教員がほとんどの教科の授業を受け持ち，日常の生活指導も含め学級経営全般を担う。中学校では教科担任制となり，教科ごとに指導する教師が変わり，学習内容もより難しくなってくる。小学校では連携は学級担任を中心に図ることになる。中学校では教科ごとに担当教員は変わり，特別な教育的ニーズのある生徒の指導も日常的に複数の教員が関わることになる。生徒の示す状態像は教科や場面により異なる場合もあり，課題や具体的な対応についての情報交換は関わるすべての教職員と行うことが望まれる。特に中学校の場合は思春期の課題への配慮が重要であり，生活・行動面の課題に加えて進路選択にも関連する学習面の課題も大きくなる。学習面や行動面に困難さを抱える発達障害のある生徒は，小学校期からすでに様々な学習上，行動上のつまずきを経験してきており，学習意欲や自信を失い，自己肯定感や自己効力感が低くなっている場合も多い。思春期・青年期の発達課題にうまく対応できない場合は，不安障害や強迫性障害，うつ等の二次的障害の症状が出やすいのもこの時期である。この年代まで未診断，未支援のまま長く適応困難な状態が続き，中学，高校に入学してからようやく発達障害の特性に気づかれる生徒もいる。発達段階やプライバシー，心理的抵抗感などにも配慮が必要になることから，教育センターや学習センター，公民館等において巡回による指導を工夫している地域もある。

7 高等学校における通級による指導

　平成30年度より高等学校においても通級による指導が開始された。高等学校は，高い進学率に伴い，多様化した生徒の実態に応じて様々な教育システムを整備してきた背景がある。生徒の実態や学校の実態に大きな違いがあるのが現状である。小，中学校等で特別な支援がなされなければ，困難さを抱えたまま

高等学校に入学することにもなる。高等学校においては，必ずしも障害による特性が顕著ではない生徒も通級による指導の対象となることも想定される。義務教育段階の学習内容の定着が不十分，いじめや暴力行為の対象，不登校や中途退学，その他教育相談や生徒指導上に挙がる生徒の中にも，発達障害等の特性が背景にある場合が考えられる。生徒の実態やニーズの把握，アセスメント，必要性の判断から決定まで総合的な客観的な判断の仕組みが必要である。中学校期と同様，思春期〜青年期にあたるこの時期は，対象となる生徒の自尊感情への配慮等，生徒の気持ちを尊重する対応，周囲の理解への配慮等が何よりも重要になる。

　通級による指導は，これまで生徒や学校の実態の多様化に対して，課程や学科等の様々な教育制度を設けて対応してきた高等学校教育において，初めて障害のある生徒に対する特別の指導が認められる制度ということになる。特別の教育課程による特別の指導が，小学校，中学校から高等学校までつながったということである。高等学校における特別支援教育が大きく進展することが期待されるが，初めての障害のある生徒のための教育制度の導入に当たっては様々な課題も踏まえ，計画的，段階的に検討し進めていく必要がある。

8 通級の担当者の専門性

　通級による指導の担当者には，児童生徒の指導を中核として，担任等へのコンサルテーション，保護者への支援と協働，関係機関との連携・協働の４つの専門性の観点が重要と考えられる（図1-2）。

（1）児童生徒の指導に関する専門性

　通級による指導を受ける児童生徒は，通常の学級における学習面や行動面，社会性に関する様々な課題を抱え，適応困難な状態にある。通級の担当者は，小・中・高等学校の学習指導要領を理解しておくとともに，特別支援学校の学習指導要領の自立活動の目標・内容についても理解しておく必要がある。具体的な指導は，個別の指導計画をもとに，実態把握→目標設定→指導計画→指導実践→指導評価→修正改善というPDCAサイクルで進めていく。指導目標や指導内

容の設定については，本人の願い，保護者の願い，担任等の願いをそれぞれ教育的ニーズとして把握することからはじまる。特に保護者や担任等の願いを優先するのではなく，本人の願いに重点を置き，指導目標や指導内容を設定することが望まれる。指導の評価についてはできるだけ客観的な視点から行う。評価の指標として，学習面や生活面の困難さの軽減，学習や課題に対する意欲，自己効力感の高まり，問題行動の軽減，担任等や保護者，周囲の児童生徒のかかわり方の改善等が考えられる。指導の成果が顕著に見られた場合は指導を終了するという視点も重要である。

(2) 担任等の学校関係者に対するコンサルテーションの専門性

　通級による指導が通常の学級における指導に生かされていくためには，指導者同士が児童生徒の実態を共有化し，指導目標や指導内容等の共通理解を図り，連続性のある指導が行えるように，連携を図ることが不可欠となる。専門的な立場にある通級による指導の担当者が，わかりやすく具体的に，児童生徒の実態に応じた適切な指導と必要な支援について，担任等に伝えることができるかがポイントとなる。担任等が特別支援教育の視点をもって指導を行うことが重要であり，それは集団の中での個別的な指導・支援という視点がもてるという

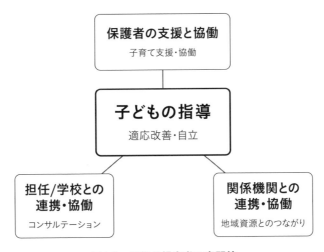

図1-2　通級の担当者の専門性

ことである。通級による指導だけで完結せず，通常の学級においても連続性のある指導となるよう，通級による指導で得られた知見をわかりやすく周囲の関係者に伝えるということは，日常生活における児童生徒の支援者を増やしていくということにもつながる。

（3）保護者への支援や協働に関する専門性

　保護者が家庭生活における子育てに悩んでいる場合には，養護教諭やスクールカウンセラー等とも連携し，保護者からの相談を受けることもある。小学校に比べると中学校や高等学校では，保護者が児童生徒の学校での様子を知る機会が少なくなることから，家庭生活と学校生活がつながりにくいこともある。通級による指導の担当者が担任等と保護者との信頼関係を構築するための仲立ちの役割を担うことも重要である。例えば，周りからの孤立感への支援として問題を共有化し精神的な支えとなる，生徒の実態について情報提供を行い正しい理解についての支援を行う，学校関係者をつなぎ連携・協働関係を構築する，家庭や家族の抱えている課題等についていつでも相談できる体制を構築する等の視点が重要になる。

（4）関係機関との連携・協働に関する専門性

　療育機関等との早期からの連携は重要である。また，中学校，高等学校の段階では，生徒の状態像も多様化してくることから課題や困難さの背景や要因を見立てていく際，医療や福祉，心理等の専門家から指導・助言を受けることも必要になる。また親子関係や家庭環境に支援が必要な場合も関係機関との連携が必須である。通級による指導の担当者は，校内における特別支援教育の中心的な役割を果たすとともに，特別支援教育コーディネーターや生徒指導主事，養護教諭，スクールカウンセラー，スクールソーシャルワーカー等と連携し，関係機関との連携・協働を図るなど地域における特別支援教育の推進の重要な担い手としての役割も期待される。生涯にわたり切れ目ない支援が行われるよう相談・支援機能を担う等，地域の教育資源としての役割を担うことも重要になると思われる。

9 連続性のある多様な「学びの場」としての体制整備

　特別支援教育は，通常の学級においても特別な教育的ニーズのある児童生徒に対して適切な指導と必要な支援が行われることが基本である。通級による指導は多様な学びの場の一つであり，通常の学級における指導や支援だけでは十分でないと判断した場合に必要性が検討される。通級による指導が通常の学級における指導や支援に生かされることが望まれる。そのためには，担当教員が，特別支援教育コーディネーター等と連携し，学級担任や教科担当と定期的な情報交換を行う等，関係者の連携協力を十分に図る必要があることはすでに述べたとおりである。また，特定の児童生徒への指導・支援だけでなく，誰もが分かりやすい授業づくり，生徒の実態に応じた進路指導や生徒指導等，校内支援体制の充実につなげることが重要である。通級による指導を受ける児童生徒が，抵抗感を持たず安心して指導が受けられるよう，児童生徒一人一人が多様な教育的ニーズをお互いに理解し，認め合えるような集団づくりも重要になる。通級による指導は，特別な教育的ニーズのある児童生徒に対する指導・支援をどう充実させるか，校内支援体制の整備とともに考えていく必要がある。

【引用・参考文献】

独立行政法人国立特別支援教育総合研究所（2018）発達障害等のある生徒の実態に応じた高等学校における通級による指導の在り方に関する研究：導入段階における課題の検討（研究成果報告書）.

独立行政法人国立特別支援教育総合研究所（2018）特別支援教育における教育課程に関する総合的研究：通常の学級と通級による指導の学びの連続性に焦点を当てて（研究成果報告書）.

独立行政法人国立特別支援教育総合研究所（2020）通級による指導の担当者の専門性に関する研修コアカリキュラム（案）〜発達障害を中心に〜.

高等学校における特別支援教育の推進に関する調査研究協力者会議（2016）高等学校における通級による指導の制度化及び充実方策について（報告）.

文部科学省編著（2018）改訂第3版 障害に応じた通級による指導の手引き：解説とＱ＆Ａ. 海文堂.

文部科学省（2019）通級による指導実施状況調査.

笹森洋樹（2016）インクルーシブ教育システムにおける通級に期待される役割. 特別支援教育研究，2016年12月号. 東洋館出版.

第2章

通級による指導で大切にしていること

1 本人の支援ニーズの把握と在学校との連携

山下公司

1 本人の願いを捉える

　本校通級指導教室まなびの教室（以下，まなびの教室）では，本人の願いを聞くことを重視している。

　通級指導を開始する際のオリエンテーションで，必ず子どもにまなびの教室に来ることでできるようになりたいことを聞く。子どもによって願いは様々だが，子どもなりになりたい姿（「国語の漢字を覚えられるようになりたい」「友だちと一緒にゲームで遊びたい」「縄跳びができるようになりたい」「友だちとケンカしない」等々）を語ることが多い。

　初めて通級する子どもには，まなびの教室で目指すこと（「得意なことや好きなことはもっと伸ばしたり増やしたりしよう」「苦手なことやうまくいかないことは，先生と一緒に考えて取り組もう」）を伝えたうえで，願いを聞き取る（図2-1-1）。通級担当者は，通級指導開始前の保護者や在籍学級担任からの情報収集で子どもの困りについてはおおよその検討をつけているので，なかなか表現できない子どもには「○○についてはどう？」と子どもに通級担当者から提案する形で願いを引き出す。そうすることで，通級指導教室では実現することが難しいことを提案されたり，子どものニーズに沿った内容にならなかったりする場合に子どもと共にめあてを修正検討することができる。

　継続指導をしている子どもについては，年度初めや学期始めに折に触れて，子ども自身の願いを話題にし，まなびの教室のことや自身の学ぶべき課題について意識できている場合が多く，担当者も子どもの言葉に肯定的に関わるため，子どもの言葉で願いが語られることがほとんどである。

　子どもの願いからニーズを確認し，子どもの抱えている課題にアプローチする。個々の課題に対し，子どもと共同戦線を張ることで，よりよい指導が可能になる。また，子どもの願いから指導をスタートするので，子ども自身が活動に対して主体的に，そして目的意識をもって，課題に取り組む姿がみられる。

2 保護者の願いを捉える

　指導開始前に，保護者から通級指導を通してどんなことができるようになってほしいかを面談で丁寧に聞き取る。その際に，通級指導教室での指導は，自立活動を中心としていることを伝え，単に学習の補習を行ったり，居場所づくりだけであったりするわけではないことを伝える。時には，子どもへの過大な期待や願いが強すぎることもあるが，その思いを大切にしつつも，通級担当者としては，今できることを踏まえ，合理的な目標設定を保護者とともに行う。そうすることで，「あれもこれも」とならず，ポイントを絞って指導を進めること

図2-1-1　通級開始時のオリエンテーション

が可能となる。時には，本人の願いと保護者の願いに隔たりがあるケースも見られる。子どもは，親に対して思いやりをもっているためか自分の学校でのうまくいかなさを話さなかったり，叱られたらどうしようと思うのか自分の願いを話さなかったりするケースも見られる。基本的には本人の願いを主体にしているため，通級担当者が把握できた場合には，それを保護者へ伝えていくことも重要である。

3 在籍学級担任からの情報収集

　通級指導時間は限られており（本校の場合，ほとんどが週1回，1単位時間程度），通級児童は大半の時間を在籍学級で過ごす。在籍学級担任は，集団での子どもの実態をもっとも把握しており，主たる支援者でもある。当然，子どもに対してこうなってほしいという願いももっているため，在籍学級担任の願いを把握していくことが重要である。

　また，実態を把握していくときに，在籍学級担任がチェックする調査票等も活用する。それをもとに，実態把握のための聞き取りを行う。漠然と話を聞くのではなく，チェックリスト等を活用することで，聞き取りの観点が絞られ，適切な情報収集が可能となる。また，現状考えられる困りについて，在籍学級担任がどのような配慮をしているのかを聞いておくことも重要である。そうすることで，今後，まなびの教室から在籍学級での配慮を提案するときの参考となる。

　通級指導教室でめざすことの一つとして，子どもの在籍学級での適応状況が良くなることが挙げられる。子どもの願いを中心に置きながら，保護者・在籍学級担任・通級指導教室の3者で共通理解を持って指導をすすめていくことが重要になると思われる。

4 それぞれの願いからニーズへ

　願いとニーズは同じようでいて大きく異なる。願いは，子どもや保護者が主観的にこうなりたいということやこういうことをしてほしい，在籍学級担任が

子どもにクラスでどんな姿でいてほしいという欲求に近いものである。それに対し，ニーズは客観性が求められる。ニーズは，子どもが生活していくうえで，社会に適応していくために必要なものである。

　子ども本人の願い，保護者の願い，在籍学級担任の願いから，通級担当者が客観的に，それぞれの聞き取りや各種検査の結果，チェックリストなど種々のアセスメントデータを総合し，子どもに今生活するうえで必要なこと（ニーズ）を把握し，指導計画を立てる。そして，指導のねらいや目標は，在籍学級担任・保護者・そして子ども本人と共有し，日々の指導の中で，共同作戦で取り組んでいくことになる。たいていの場合，通級児童が理解でき，受け入れやすく，通級児童自身が課題を意識できるようにするため，保護者や在籍学級担任に提示する言葉と通級児童に提示する言葉は違ってくる。しかし，支援の方向性や本人が課題と感じることを共有することが重要である。

5 在学校との連携

　子どもの困りは，現場（通常の学級）で起きている。したがって，在籍学級担任との連携は，必須となる。まなびの教室について理解をいただくことは当然だが，通級担当者も通常の学級でのことを理解する必要がある。そのため，日常的な交流として連絡帳を活用したり，在籍学級の授業参観を行なったりする。また，本校では，まなびの教室での指導について理解してもらうため，年間2回ずつ，通級指導場面の参観や「ひろげる交流会」を開催している。

　通級指導場面の参観週間を，前期1回，後期1回設定している。本来はいつ参観していただいても良いとお伝えしているが，設定しておくことで安心して参加していただけたり，他校通級の場合，出張として扱ってもらえたりする。参観週間では，保護者や在籍学級担任，在学校のコーディネーターに実際の指導場面を参観してもらう。在籍学級のような集団場面ではないものの，個別場面や小集団場面で見せる子どもの姿から通級指導の意義を感じてもらえる。また，通級担当者の関わりから，「こういう言葉掛けが良いのだ」「こうしてあげると理解が進むんだ」といった日常の子どもへの関わりのヒントにしてもらえるようだ。

「ひろげる交流会」では，個別指導場面（前期），小集団指導場面（後期）をビデオ撮影し，それらを在籍学級担任や在学校の特別支援教育コーディネーターに見ていただく。見ていただきながら，個別の指導計画における目標とその手立てを解説する。「ひろげる交流会」を通し，個別の指導計画の目標や手立てが生きたものとなると思われる。

これらの活動を通し，まなびの教室についての理解が進むことで，在学校では「あの子もまなびの教室につなげてみよう」と思っていただける。そして，困りのある子どもの保護者にも説得力をもって，まなびの教室を勧めていただける。お互いのことを知ることから，連携が始まるのではないだろうか。

6 連携事例

（1）行動面で困りのあるAさん

小学5年生男子のAさんは，友だちと仲良くしたいという思いはあるものの，うまく自分の思いを言葉にすることができず，イライラしてしまい友だちに手を出すことがあった。また，在籍学級では自分の思い通りにいかない場面で，ものを投げてしまったり，プリントを破ってしまったりすることがよく見られた。そのような場面では，「ムカつく」とだけ話し，自分の気持ちを言葉にすることの苦手さがうかがえた。また，落ち着いている状況でも，「楽しかった」以外の感情の言葉が出てこない様子が見られた。

まなびの教室に通級開始する際に，Aさんにできるようになりたいことを聞くと，「けんかしない」と答えた（図2-1-2）。

そこで，Aさんと相談して，けんかしないために，まずはイライラする場面で先生からの促しでクールダウンできる方法を模索することとした。また，自分の気持ちを言葉で表現することができるよう支援することとした。個別の指導計画における目標と手立て（一部抜粋）は，表2-1-1の通りである。

在籍学級担任とは，気持ちがイライラしている場面で違う場所（本人と相談し，教室に近いトイレの個室と決める）でクールダウンすることを認め，クールダウンできたことを褒めることを第一段階として行なった。その際に，まず

表2-1-1　Aさんの個別の指導計画(一部抜粋)

長期目標	短期目標	具体的手立て	
イライラした時に，落ち着くことができる。 出来事に対して，自分の気持ちを言葉で表現できる。	【前期】 先生から促され，クールダウンすることができる。 出来事に対して，自分の気持ちに近い言葉を考えることができる。	在籍学級	・イライラしている時に，事前に決めておいた場所でのクールダウンを促し，できたときに褒める。 ・「楽しかったね。」「困ったね。」「腹が立ったね。」等，本人の気持ちを言語化して伝える。
		保護者	・楽しかった話を聞く。
		通級指導教室	・「最近の話」等で出来事を聞き，それに見合う感情語彙を共に考える。 ・感情語彙を増やすよう，気持ちカード等を使って，近い感情表現を共に考える。

はクールダウンに行くことができたことを褒め，合わせて教室に戻ってきたときに「よく戻ってきたね。いつものAさんに戻ることができて嬉しい」と伝えてもらうようにした。Aさんは，これに気を良くし，徐々に先生から促されなくともクールダウンができるようになり，自分がイライラする状況も分かるようになってきた。まなびの教室では，気持ちを考える活動（図2-1-3，図2-1-4）を通し，さまざまな気持ちがあることを理解し，「ムカつく」「楽しい」以外の言葉も表現できるようになってきた。

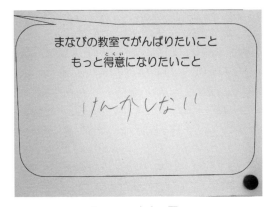

図2-1-2　本人の願い

5年生後期になると，在籍学級で友だちとけんかすることも全くなくなった。時折，自分の思い通りにいかなくて，自らトイレにクールダウンに出かけることもあったが，自分の気持ちを抑えきれなくて，ものを投げたり，プリントを破いたりする姿も全く見られなくなった。

　6年生を目前に控え，1年間の総括をAさんとした時に，「まなびの教室に来た（筆者注：通い始めた）時は暴れてたけど，今は暴れなくなった」「イライラした時に，先生に相談するとなんとかなるようになった」「先生は，○○先生（在籍学級担任）と仲良しなんでしょ？　同じこと言うもん」と話していた。在籍学級担任と同じ方向を向いて支援していた結果であると言える。

（2）学習面で困りのあるBさん

　小学4年生男子のBさんは，学習全般で意欲を失っていた。特に，「漢字が覚えられない」と訴えていた。まなびの教室でできるようになりたいことを聞くと，「漢字ができるようになりたい」と話した。そこで，在籍学級担任と連携し，漢字小テストに向けて，まなびの教室で漢字の学び方に取り組むこととした。在籍学級担任から事前に漢字小テストをもらい，その漢字の覚え方を本人と確認して取り組んだ。また，家庭での協力もいただき，漢字練習を家でも行うこととした。Bさんの個別の指導計画（一部抜粋）は，表2-1-2の通りである。

　前期が終了した段階で，漢字小テストにはとても意欲的に取り組み，「家で

図2-1-3　気持ちツリー

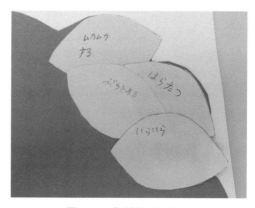

図2-1-4　気持ちツリー拡大

表2-1-2　Bさんの個別の指導計画(一部抜粋)

長期目標	短期目標		具体的手立て
漢字の学習に意欲的に取り組むことができる。	【前期】漢字小テストで,事前に練習した漢字を書くことができる。	在籍学級	・漢字小テストでは,ある程度形が整っていれば,とめ,はね,払いにはこだわらない。 ・漢字小テストの内容をまなびの教室に伝える。 ・到達目標を10問中5問とする。
		保護者	・家庭学習で,漢字練習に取り組んでいることを褒める。
		通級指導教室	・漢字小テストで,書くことができそうなものを本人と相談し,部品ごとに色分け,記銘したものを提案する。 ・家庭学習での取り組み方を提案する。

やったからできた」「もう覚え方バッチリ！」と話していた。在籍学級担任の話では,本人が話すように,漢字テストに意欲的に取り組むことができ,ひいてはその他の学習に対しても意欲が高まってきたとのことであった。4年生後期も同様に漢字学習に取り組んだが,後半には「国語（漢字）はもういいから,次は算数だな」と次なる課題を自分で考え,取り組もうとする様子が見られた。

　Bさんから国語の時間に取り組んだというはがき（図2-1-5）が届いた。全てがうまくいっているというわけではないが,漢字の学習を通して,自己肯定感を高め,学習全般に意欲を取り戻すことができた。このことは,子どものニーズをスタートにし,在籍学級担任と綿密に連携することができた結果であると言える。やはり,通級指導教室の肝は,本人のニーズであることをまざまざと感じた事例であった。

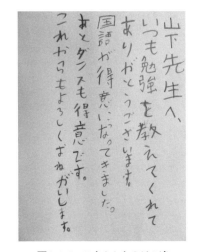

図2-1-5　Bさんからのはがき

2 自立活動の指導および 各教科の内容を取り扱いながらの指導
── 指導内容の選定に関するポイントについて

松本妙子

1 はじめに

　小学校学習指導要領，中学校学習指導要領及び高等学校学習指導要領に，通級による指導は，「自立活動の内容を参考とし，具体的な目標や内容を定め，指導を行うものとする」とある。更に，特別の教育課程について定める告示※注1には，小・中学校等における障害に応じた特別の指導は，「障害による学習上又は生活上の困難を改善し，克服することを目的とする指導とし，特に必要があるときは，障害の状態に応じて各教科の内容を取り扱いながら行うことができることとする」とされている※注2。

　つまり，「障害による学習上又は生活上の困難を改善し，または克服する」という通級による指導の目的を前提としつつ，特に必要があるときは，障害の状態に応じて各教科の内容を取り扱いながら指導することも可能なのである。

　それぞれの児童・生徒の障害に応じた特別の指導を行うのであるが，当然ながら，同じ障害種であっても困難な部分は個別に異なる。また，同じ人物でも発達段階により課題は変化する。通級による指導の指導内容は一人ひとり，発達の変化に対応しながらオーダーメイドで選定していくべきものなのである。

　ここでは通級による指導の指導内容の選定の流れのポイントについて述べる。『特別支援学校教育要領・学習指導要領　自立活動編』の28ページに「実態把握から具体的な指導内容を設定するまでの流れの例（流れ図）」(図2-2-1)が掲載さ

※注1　平成5年文部省告示第7号
※注2　平成28年12月9日一部改正公布

学部・学年	
障害の種類・程度や状態等	
事例の概要	

実態把握

① 障害の状態，発達や経験の程度，興味・関心，学習や生活の中で見られる長所やよさ，課題等について情報収集

②-1 収集した情報（①）を自立活動の区分に即して整理する段階

健康の保持	心理的な安定	人間関係の形成	環境の把握	身体の動き	コミュニケーション

②-2 収集した情報（①）を学習上又は生活上の困難や，これまでの学習状況の視点から整理する段階

※各項目の末尾に（　）を付けて②-1における自立活動の区分を示している（以下，図15まで同じ）。

②-3 収集した情報（①）を○○年後の姿の観点から整理する段階

※各項目の末尾に（　）を付けて②-1における自立活動の区分を示している（以下，図15まで同じ）。

指導すべき課題の整理

③ ①をもとに②-1，②-2，②-3で整理した情報から課題を抽出する段階

④ ③で整理した課題同士がどのように関連しているかを整理し，中心的な課題を導き出す段階

⑤ ④に基づき設定した指導目標（ねらい）を記す段階

課題同士の関係を整理する中で今指導すべき指導目標として	

⑥ ⑤を達成するために必要な項目を選定する段階

指導目標（ねらい）を達成するために必要な項目の選定	健康の保持	心理的な安定	人間関係の形成	環境の把握	身体の動き	コミュニケーション

項目間の関連付け

⑦ 項目と項目を関連付ける際のポイント

⑧ 具体的な指導内容を設定する段階

選定した項目を関連付けて具体的な指導内容を設定	ア	イ	ウ	…

図2-2-1　実態把握から具体的な指導内容を設定するまでの流れの例（流れ図）（文部科学省, 2018）

23

れている。基本的には，この図に沿って実施しているものである。個々の児童生徒の実態把握に基づいて，指導目標を設定し，選定した項目を相互に関連付けて具体的な指導内容を設定する。

2 実態把握

実態把握では，聞き取り，観察，客観的データの収集などを実施する。

(1) 聞き取り

児童生徒のつまずきに関する情報を集め，実態を把握する。まずは，担任に学校での様子について聞き取りを行う。

担任から聞き取りたい内容

・一番気になっていること，最近のエピソード，興味のあることなど

・文字の読み書き，話す聞く，文章の読解，作文について

・算数の文章題，図形問題，計算問題の取組状況

・その他の教科の得意なことや苦手なこと

・注意集中，集団参加，対人関係，係・当番活動について

・運動面の粗大運動，微細運動の様子

担任には，苦手なことのみではなく，得意な部分もしっかりと聞き取るようにしておく。次に，保護者からも，子どもの様子について聞き取りを行う。

保護者から聞き取りたい内容

・一番気になっていること

・家庭環境，成育歴，相談歴など

・担任から聞き取りたい内容と同様の内容

担任と同様の内容を保護者からも聞き取るのは，学校生活では気づきにくい困難さが挙げられることもあるからである。

そして，情報として重要なのは，本人の思いや願いである。小学校１，２年頃は明確な思いを表現できなかったり，保護者や担任が困難であると捉えていることを，それほどまでに実感していなかったりする場合も多い。しかし，小学校３，４年くらいになると，自分の困難な状態をより明確に認識するようになってくる。「実態把握」や「学年，学期変わりの目標設定」の際など，折に触れ，「得意や苦手」「頑張りたいこと」などを尋ねるようにしている。

（2）観察

授業中や休み時間などの児童生徒の様子を実際に観察し，できるだけ子どもの目線に立って捉えるようにしている。

観察の視点
・環境面　　（室温，まぶしさ，音，座席の位置など）
・行動面　　（離席，授業への参加状況，活動時間，注意集中，視線，姿勢，道具 　　　　　　　の使い方，持ち物の整理整頓，衣服の着方，など）
・学習面　　（読み書き，掲示作品，作業，指示の理解，机上準備など）
・対人関係（双方向の関わり，話し合い活動での発言，こだわりなど）

チェックリストの活用も考えられる。あらかじめ聞き取りを行った際の情報も活用し，実際に観察することで，どのような場面で，どの程度の困難さがみられるかをより具体的に推測する。

（3）客観的データの収集

保護者，担任からの聞き取りや行動観察から得られた情報をもとに，より詳しく客観的な情報を収集する。

・知能検査，認知特性の検査：ウェクスラー式知能検査などにより，知的な水準や認知特性を把握する。
・学習面の評価：学習面のつまずきなどがある場合には，認知特性の検査を参考にしながら，より詳しく具体的に読み書き，算数などの検査を行う。

・社会性の評価

　収集した情報や行動観察をした時や知能検査をした時などの様子を評価することが多い。さらに情報が必要な時には，評定尺度や検査を利用する。

（4）情報の整理

　多様な情報をもとに，児童生徒のつまずきの原因や困っているところはどこかを探ることがポイントである。図2-2-1の流れ図では，実態把握の段階に相当する。まず，6区分に整理する（②-1）。次に，困難な部分や少しの支援があればできそうなこと，今できていることなどを整理する（②-2）。最後に，得た情報を総合的に鑑みて，卒業までの姿，もっと先の生計を立てていくときの姿の観点からも実態を整理しておく（②-3）。

　実態把握では，苦手な部分ばかりに視点が向かいがちになる。しかし，本人の得意な部分をしっかりリサーチし整理しておくことも大切である。得意な部分を活かしながら指導することで，苦手な分野の学習への抵抗感が軽減されるからである。

3 課題の整理および目標の設定

（1）課題の整理

　実態把握の情報を整理した後は，これらの情報をもとに課題を抽出する（図2-2-1の③）。次に，注意欠陥多動性障害及び限局性学習障害と診断されている小学4年生児童の例を示す。

③　　①をもとに②で整理した情報（実態把握）から抽出した課題
・初めての学習を理解するまでに時間が掛かる。 ・視覚認知の弱さや不注意及び不器用さがあり，筆算，図形，グラフなどの学習，書字，漢字の習得等でのつまずきが見られる。

・友達や教師の話を最後まで聞かずにさえぎって話してしまう。指摘を受けるとすぐに気づくことができる。
・友達の思いを想像する前に，自分の思いをストレートに伝えることからトラブルに発展することがある。
・衝動性や不注意により多くの失敗を積み重ねてきていることや学習への苦手意識から自尊感情が低下している。

　次に，③で整理した課題同士がどのように関連しているかを整理し，中心的な課題を導き出す（図2-2-1の④）。児童生徒には課題がたくさんあったとしても，すべてを指導することは難しい。限られた指導時間の中で，どこから指導することがより効果的であるか，しっかりと先を見据えて指導の順序性を考えることが必要になる。また，実態把握した情報に何度も立ち返りながら，個々の児童生徒に応じた，取り組みやすい課題を設定することが大切である。

④　③の課題同士がどのように関連しているかを整理し導き出した中心的な課題

・他者とのやりとりに関して，相手の話を最後まで聞いて意図を受け止めたり，自分の考えを伝える場やタイミングを考えたりする。
・学習上の困難を改善するため，認知機能の向上を図る。
・聴覚認知の機能や言語能力の高い部分を活かした，自分に合った学習方法を理解し，身に付けていく。

　これらの課題を少しずつ達成していく姿を自分なりに自覚することで，自信を取り戻すことができると考える。この児童にとっては，「自尊感情を高める」ことが中心的な課題である。

（2）目標の設定

⑤課題同士の関係を整理する中で今指導すべき指導目標

・集中して見比べたり，最後まで聞き取ったりすることができるようにする。
・苦手な学習に対して，自分に合った学習方法を取り入れることができるようにする。

・小集団の活動を通して，友達とのかかわり方を理解できるようにする。

④までの手続きを経て，指導目標を設定する。

4 指導内容の選定：各教科の内容を取り扱いながらの指導

児童生徒が課題を達成できるよう指導内容を考えていく（詳しくは図2-2-2を参照）。

⑥ 指導目標を達成するために必要な項目を選定する段階					
健康の保持	心理的な安定	人間関係の形成	環境の把握	身体の動き	コミュニケーション
	（2）状況の理解と変化への対応に関すること （3）障害による学習上又は生活上の困難を改善・克服する意欲に関すること	（3）自己の理解と行動の調整に関すること （4）集団への参加の基礎に関すること	（2）感覚や認知の特性についての理解と対応に関すること （5）認知や行動の手がかりとなる概念の形成に関すること	（5）作業に必要な動作と円滑な遂行に関すること	（2）言語の受容と表出に関すること （5）状況に応じたコミュニケーションに関すること

⑦ 項目と項目を関連付ける際のポイント
⑧のアとイは，自分の苦手さだけではなく，うまくいくことを自覚できるよう，ウについては，信頼できる集団で体験を通して学べるよう関連付けを行った。

⑧ 選定した項目を関連付けて具体的な指導内容を設定する段階		
ア 集中して見たり聞いたりできるよう，ビジョントレーニングや，聞き取り課題などを取り入れ，うまくできた点について振り返りを行うようにする。	イ 図形，筆算，漢字などの苦手な学習について，得意な言語能力を生かして，意味づけたり言葉を添えたりしながら習得できるようにする。	ウ 友達の話を聞いたり，自分の考えを表現したりして，やり取りを楽しめるよう，小集団でゲームやトークの活動を行う。

図2-2-2　項目の選定から指導内容を設定する段階

指導内容のイは，各教科の内容を取り扱いながらの指導にあたる。

　算数では，単元の導入部分で理解に時間が掛かる。その際，既習事項の復習をし，新しく学習する部分とのつながりを説明することで，新規の学習への理解がスムーズになる。また，得意な言語能力を生かし，その場で学習したことを言葉で表現させることも効果的である。筆算では桁がずれてしまうので，少し大きくて繰り上がりの数を記入できるような枠もある計算用紙を用いて学習をする。慣れてくると少しずつノートへ移行する。図形では，展開図を描く学習の前に，磁石で着脱が容易にできる模型を用いて，立体を作ったり，平面に戻したりして実物を手掛かりにするなどの学習をする。

　このような各教科の内容を取り扱いながらの指導では，タイミングが重要になる。児童生徒が教室で友達と学習する際，「自分はこうすればできる」と習得したことが発揮できたなら，自ずと自信や学習意欲も向上する。そのためにも，学級担任との連携は欠かせない。連絡ファイルなどを交換し，指導内容や方法，児童の様子について知っておくべきである。

5 おわりに

　指導内容を設定する際，大切なのは確かな実態把握であると考える。毎時間の指導の様子を振り返り，保護者と担任に具体的に報告する。保護者や担任から気付きをもらったり，授業参観や保護者懇談を行ったりする。多くの情報から目標を決め，設定した指導内容ではあるが，実際の指導後に毎回評価し，より実態に即した指導内容とすることが大切である。

【引用・参考文献】

文部科学省（2018）特別支援学校教育要領・学習指導要領解説：自立活動編（幼稚部・小学部・中学部）.
文部科学省（2018）障害に応じた通級による指導の手引き．海文堂.
山口県通級指導担当者専門性充実検討会議（2018）通級指導担当者ガイドブック.

3 思春期という発達段階を踏まえた
中学校の通級による指導

近藤幸男

1 はじめに

　思春期は子どもから大人への過渡期であり，一般的には第二次性徴とともに始まると考えられている。中学生期は概ねその前期にあたり，個人差があるものの，身体の急速な成長と相まって，心理的にも社会的にも複雑な変化が生じる。学業成績や容姿をはじめ，同年代の集団の中での自分の立ち位置など，自他の比較によって劣等感を抱きやすく，悩み多き年頃でもある。

　また，中学生期は義務教育修了後の進路選択に向けて，「自分らしさとは何か？」と自問自答する過程で，これまで周囲の大人から与えられてきた価値観に基づいて形成された自己像を一度解体し，再構築する時期でもある。その葛藤が身近な人への反発というかたちで表面化してくるため，家族や友人，教員等との関係性も小学生期のそれとは異なるものになっていく。学校や家庭では，それが非行や不登校等，様々な不適応行動として発現し，周囲はその対応に苦慮しているというのが実状であろう（近藤，2009）。

　このように思春期は，多くの人たちのキャリア発達において一つの危機的状況にあると思われる。そして，中学校の通級指導教室で日々の指導・支援にあたっている筆者らから見ると，特に発達障害等のある子どもたちは，この時期に様々な生きづらさやつまずきを経験して自己肯定感を低下させ，疎外感や孤立感を抱きやすいという印象がある（川口ら，2011）。

　本稿では，発達障害等のある子どもが思春期を迎える際，中学校の通級指導教室（以下，本教室）がどのような指導・支援を行っているのかを紹介する。

2 発達障害等のある中学生が，よく整えられると思春期でどうなるのか？

　まず本教室におけるエピソードを1つ紹介したい。

　2018年度から高等学校でも通級による指導が制度化されているが，それ以前の一時期，全国各地から本教室への視察や見学が相次いだことがある。高校通級開設の参考にするために，それに近い存在である中学校通級での実状を知りたいというのが，主な目的であったかと思う。

　そして，某自治体の視察団が本教室を訪れた際，当時中学3年生であったKさんが，「高校通級に期待すること」というテーマでその視察団を相手に「名講義」をしたことがある。後にKさんは，独立行政法人国立特別支援教育総合研究所主催の発達障害教育実践セミナーに筆者と共にシンポジストとして登壇し，ほぼ同じ内容を発表した（2018年8月3日，一橋大学講堂）。

　まさに思春期真っ只中のKさんは，これから高校通級を開設しようとしていた行政担当者や高校教員に対し，特に**自校通級**と**他校通級**の違いについて，小中学生の発達段階を踏まえながら次のような持論を述べた。

　僕は，小学校では**自校通級**が良いと思います。

　理由は，①自分のクラスで生き抜くためのサバイバルスキル[※1]を通級で学んだ後，クラスですぐに試すことができる，②クラスで何かトラブルがあったとき，すぐに相談できる場所が校内に欲しい，③他の学校に移動する途中で，児童を標的にした犯罪に巻き込まれるリスクを避けたい，等です。

　でも，中学校では**他校通級**が良いと思います。

　理由は，①中学生になると，スクールカースト[※2]やお互いのパワーバランスの問題も絡んでくるので，自分が通級していることを他人に知られたくないという気持ちが強くなる，②自分が所属しているコミュニティから一旦離れてリフレッシュできる，③第三者の立場の先生と相談することでしっかりと内省する時間がもてる，等です。特に鴨志田中の通級では，複数の先生たちに自分の話を聴いてもらったことが良かったです。

> 高校通級に期待することは，一般社会への接点について…（以下略）。
>
> ※1：対人トラブルを回避し，極力無難に過ごすための技術の意（本人談）。
> ※2：生徒同士の序列を意味するインターネットスラング由来の用語（本人談）。

　これを聴いた某自治体の視察団一同が，Kさんの聡明さに瞠目したことは言うまでもない。後日聞けば，その自治体の高校通級は，翌年度に他校通級ではなく自校通級のスタイルで発足したとのことである。地域によって様々な事情があるとは思うが，「発達障害＋思春期」の当事者としてのKさんの声が，その自治体の施策に活かされなかったのは残念でならない。

3　本教室の重点目標は協調性と相談力の育成

　横浜市立学校の通級指導教室の教育目標は，**「一人ひとりがもてる力を活かし，自分らしく生きる」**とされている（横浜市教育委員会事務局，2010，2018）。さらに本教室では，生徒一人ひとりの将来的な自立と社会参加に向けて，特に次の2つの力を育成することを重視している。

> ◎社会や集団のルールやマナーに沿って，他の人と協調して生活できる力
> ◎困ったとき・わからないときには，他の人に相談できる力

　この2つの重点目標を設定したのは，横浜市教育委員会が通級担当者のスキルアップ研修として実施している**「教育と医療による合同事例検討会」**に，筆者が事例提供者として参加した2010年以降のことである。その協議の中で，本田秀夫医師（信州大学医学部附属病院　子どものこころ診療部部長）から受けた助言によるところが大きい。本田医師は，発達障害等のある子どもたちが学齢期において二次障害に陥らないように，教育と医療による緊密な連携が必要不可欠であることを強調されるとともに，特に通級による指導に対しては，子どもたちが社会のルールを守れるようになること，困ったときには誰かに相談できるようになることの2つを期待する旨のコメントを述べられた。筆者はそれを拝聴し，まさに我が意を得たりの思いで，その内容を直ちに教室運営の根幹に

据えて現在に至っている。

　この2つの重点目標を達成するために，本教室では生徒一人ひとりに主担当者を設けて個別の指導計画を作成し，マンツーマンを基本とした個別指導を行っている。また，生徒の状態によっては，2〜5名ほどの小集団指導を併用したり，1人の生徒に複数の教員を充てたりすることもある。**指導内容**については，開設以来の様々な指導の在り方を精査し，**次の3点に集約**している。

---

①生徒の好きなこと・得意なことに徹底的に付き合う**「傾聴」**の指導

②安心して失敗し，温かく笑える瞬間を仲間と共有する**「遊び直し」**の指導

③体験した事実，その時の気持ちや考えを言語化（文字化／相対化）して整理し，さらに意識化，内在化する**「ふり返り」**の指導

　これらの具体的な指導内容については，紙面の都合上本稿では割愛するので，拙著「思春期をうまく乗り越え，社会自立していくための通級による指導」，『月刊特別支援教育研究』No,712（東洋館出版社，2016），また，柘植雅義監修，小林靖編，『特別支援教育サポートBOOKS［中学校］通級指導教室を担当する先生のための指導・支援レシピ　今日から役立つ！基礎知識＆指導アイデア』(明治図書出版，2016) などをご参照いただければ幸いである。

　「傾聴」も**「遊び直し」**も，実際の指導場面ではしばしば即興性を求められることがあり，担当教員はそのセンスを問われることも多い。そして，それらの活動が場当たり的なものにならないように，指導の後半は**「ふり返り」**の時間を確保して言語活動を丁寧に行っている。これにより本人の自己理解や状況理解等が無理なく促進できるよう努めている。

　換言すれば，どれほど教材研究を行い，緻密な指導案を立てた授業展開であっても，**「ふり返り」**による個別の言語活動が十分になされないのであれば，それは通級指導教室で行われる自立活動としてはふさわしくないというのが，本教室担当教員の認識である。

4 自分らしく生きるためのモチベーションを下げないための自立活動

　先述のKさんは言語性のIQが高く，特に法律，時事問題，ICT等に強い興味関心を示す生徒だった。話の全体的な流れよりも部分にこだわる自分のコミュニケーション特性に対しては既に気付きがあり，それゆえに同年代の中学生とはなかなか話が合わないと述懐していた。公正さを何よりも重んじ，常に論理的に物事を進めようとするKさんの学校生活では，クラスメイトと意見の相違によってトラブルが起きることもあった。

　そんなKさんに対して，筆者を含めた本教室の担当教員が行ったのは，Kさんが毎回用意してくるトピックスについて徹底的に付き合うこと，すなわち**「傾聴」**の指導であった。筆者は基本的には1対1で，そして時には他の担当教員と複数で，Kさんの話にひたすら耳を傾けた。

　当時の記録を基に，その指導場面を可能なかぎり忠実に再現してみたい（以下，K：Kさん，T：通級担当教員）。

K：先生は，人の受精卵を盗んだら窃盗罪になると思いますか？

T：ん？　人の受精卵？　あぁ，なるんじゃないかな。

K：刑法第二三五条には，「他人の財物を窃取した者は，窃盗の罪とし，十年以下の懲役又は五十万円以下の罰金に処する」とあります。ここで重要なのは，人の受精卵を財物と見なすかどうかです。財物，つまり物として考えるなら，窃盗罪が適用されますが，人であると考えるなら，窃盗罪ではなく，別の罪になるはずなんです。

T：それは，第二二五条以下の略取とか，誘拐とかということかな？

K：仰る通りです。でも，こういう話を僕の中学校でしても，誰も聞いてくれないんですよ。

T：だろうね…

　自分の好きなこと・得意なことについて思いのままに話し，それを否定も批判もされず，共感的に聴いてもらうことは，自分が相手に受容されているという安心感を生む。生徒たちは，自分の話をよく聴いてくれる人にはよく話し，自

分の話をよく聴いてくれる人の話にはよく耳を傾けようとする。そうした双方向のやり取りの蓄積が，重点目標に掲げる相談力育成の基礎に繋がると信じて，本教室の担当教員は**「傾聴」**の指導を根気強く行っている。

　Kさんは月1回，自分の興味関心の高い話題を用意して本教室を訪れ，我々を相手に弁舌さわやかに話していった。先述の会話の内容からも推察できるが，Kさんは自分の在籍中学校では，ある程度の疎外感や孤立感を感じていたことと思う。Kさんの保護者によれば，本教室で自分の話を複数の教員にじっくりと聴いてもらうことを，Kさんは毎回とても楽しみにしていたそうである。また，本教室に通うようになってからは気持ちが安定し，在籍中学校では他の生徒の意見にも徐々に耳を傾けるようになっていったとのことであった。

　本教室でも，個別の指導計画を作成する際は，『特別支援学校学習指導要領』にある自立活動の6区分27項目の内容に沿って立案する。具体的な指導・支援の後には，指導計画の目標に準拠した評価・修正を行う。しかし，思春期という心身共に不安定な時期に，本人が自分らしく生きるためのモチベーションをいかに下げないようにするかということが，本教室のいわゆるヒドゥンカリキュラム（「隠れたカリキュラム」）として重要だと考えている。

5　目に見える指導効果とは異なるもの

　本教室が生徒を受け入れる際に行う初回面談で，保護者や在籍校の教員の多くから聞かれるのは，「この子は○○が苦手だから，ここ（本教室）で何とか改善してほしい」という声である。これは，専門的な知識や経験を有する通級担当教員から特別な指導・支援を受けることで，本人の学習や生活上の困難を克服もしくは軽減させたいという純粋な願いであり，心情的には十分に理解できるものである。

　しかし，その願いが時には本人を苦しめることもある。それは指導効果として，本人の望ましい行動変容を目に見えるかたちで期待しているからである。いくら本人の特性に特化した指導・支援であったとしても，本人にその学習内容をこなすだけの心的エネルギーが十分でなければ，残念ながらそれは本人にとって苦役となる。まして思春期において何らかの傷つき体験をして，自分らしく

生きるためのモチベーションが低下している場合は，なおさらである。

　通級による指導の効果検証については，その在り方が問われて久しい。しかし，その具体的かつ客観的な基準や規準は，寡聞にしてその存在を認めない。

　筆者らは一般社団法人日本LD学会 第24，25回大会（2015年，2016年）の自主シンポジウムで，通級指導教室を利用している中学生に通級による指導の効果についての意識調査を行い，指導事例とともに発表した。しかし，当該生徒に学習面や生活面で何らかの望ましい変化が生じたとしても，それらが果たして通級による指導の効果なのかどうかを実証的に捉えることは困難であった。

　中学校での3年間はあっという間に過ぎ去ってしまう。在学中に通級による指導の効果が目に見えるかたちで現れるとは限らない。高校等への進学が目先に見えてくると，余計に不安や焦りが頭をもたげてくるが，そういう時こそ，「今（思春期）のつらい状況をとりあえずやり過ごし，心的エネルギーを蓄積するために通級による指導を受ける」というくらいの気構えも必要である。

　一方，中学2年次を終える頃から，飛躍的な成長を見せる生徒も一定数いることを，筆者らは日々の実践から体験的に感じ取っている。先のKさんのケースもその一例であるが，まさに思春期マジックとでも呼ぶべきかのような，急激かつ深遠な自己理解や状況理解の進捗である。そのためのカギとなるのは，本教室が生徒たちにとって安心・安全が保障された心理的活動拠点（＝居場所）であることだと考えている。そして，そこで行われることは，本人の特性に特化した指導・支援であることは勿論であるが，それと同等以上に，本人が最大のパフォーマンスを発揮できる活動（＝本人の好きなこと・得意なこと）である必要があると考えている。

　本人の心的エネルギーに余力があり，自己理解や状況理解が十分に進み，自分の課題（＝苦手なこと等）に本人が真摯に向き合いたいというのであれば咎かではない。しかし，それが枯渇している状態でのチャレンジは，むしろ危険ですらある。「学齢期に二次障害に陥らせないように，教育と医療が連携しよう」という本田医師の言葉を再度書きとめておきたい。

6 むすびに

　最後に，新型コロナウィルス禍以降の通級による指導の在り方について触れ
ておく。昨年度は全国一斉の臨時休校が敢行され，通級指導教室もそれに倣っ
たが，学校再開直後に本教室で独自に行った意識調査によれば，通級による指
導にもリモート式を導入することへの需要が相当数あることがわかった。

　本市をはじめ，各自治体は国のGIGAスクール構想を基に，ICTの導入を急
ピッチで推進している。コロナ禍の有無に関わらず，今後は対面式とリモート
式を適宜組み合わせた，言わばハイブリッド通級が，従来の自校通級・他校通
級・巡回指導という枠組みに加え，新たな指導・支援の在り方となっていくの
ではないだろうか。本教室でもそのための準備が喫緊の課題となっている。

【引用・参考文献】

川口信雄ら（2011）中学校通級指導教室における個々の特性に応じた指導の在り方：通級指
　　導教室利用生徒の認知特性の評価を通して．財団法人みずほ教育福祉財団 特別支援教育
　　研究助成事業 特別支援教育研究論文―平成22年度．国立特別支援教育総合研究所．
近藤幸男（2009）「通常学級における特別支援―こんなときどうする？　実践編・中学校：
　　特別な教育的ニーズのある中学生の自己理解を深めるために．特別支援教育研究，
　　No.619．日本文化科学社．
横浜市教育委員会事務局編（2010）横浜版学習指導要領 特別支援学校・個別支援学級・通級
　　指導教室編．
横浜市教育委員会事務局編（2018）横浜市立学校 カリキュラム・マネジメント要領 特別支援
　　教育編．

4 進路選択を念頭に置いた 中学校の通級の役割

伊藤陽子

1 はじめに

　中学校学習指導要領の総則の中に，特別な配慮を必要とする生徒への指導が盛り込まれた。通級による指導についても明記されている。

　平成30年から，高等学校における通級指導も始まり，小・中・高の連続した支援も可能になってきた。そのような状況で，中学校通級指導教室の役割は大事である。特性から，学習上・生活上の困難を抱えている生徒にとって，何が得意で，何が苦手なのか，それは方法を変えることで克服できることなのか，進路選択によって困難を軽減・回避できるのかなどの自己理解は重要であると考えている。生徒の特性に応じた指導ができる通級による指導において，具体的にどのように自己理解・進路選択に結びつけているか，事例を挙げて紹介する。

2 仙台市の通級指導

　仙台市は拠点校方式の個別指導を中心とした指導に加え，一部で巡回指導も行っている。市内の小学校・中学校の通級指導教室担当者は年4〜5回，研修をともに行っており顔なじみであるため，小→中の通級生徒の引き継ぎは概ねうまくいっている。高校の通級指導教室開設に伴い，小中の担当者研修会への高校の担当者の参加，情報交換も始まった。中学校から高校への引き継ぎについては，第4項で後述する。

3 実際の取り組み

（1）同級生とのトラブルが絶えず不適切な行動を繰り返していたＡさん

　Ａさんは相手の意図のくみ取りや状況判断の苦手さが見られた。不器用さも見られ，苦手なことには頑なに取り組まなかった。意にそぐわないことがあるとパニックを起こし，暴れたり，人の嫌がることや危険行為を繰り返していた。部活動中はわざとボールかごをひっくり返したり，地面に大の字に寝転び，部員が練習できないようにするなどの迷惑行為を行った。そのため，学級や部活動で孤立していたが，その状況を本人は不当にいじめに遭っていると訴えていた。イライラすると，バケツに水を入れ，それを頭からかぶり，ずぶ濡れになって帰宅することがあった。

　Ａさんへの指導の第１段階は，Ａさんとの信頼関係の形成であった。Ａさんの訴えを聴き，Ａさんが悔しいと思っていること，どこに怒りを感じたのかを傾聴し，Ａさんの気持ちに寄り添った。時にはホワイトボードやタブレット端末のアプリを使って，状況の整理を行った。必要に応じて，どうすれば良かったか，相手の気持ちの確認も行った。個別の落ち着いた状況での視覚的な情報の提示があれば，冷静に状況の理解や判断ができた。

　第２段階は，Ａさんの以前の問題行動をもとにアニメのキャラクターを使った４コマ漫画や，架空の人物を使ったワークシートを作成し，他者目線でその問題行動について考えさせることにした（図2-4-1）。どこが問題だったのか，どうすれば良かったのか，登場人物にアドバイスする形をとりながら，もし，Ａさんが同じような状況になったとき，どのように行動すれば良いか確認した。スキルトレーニングと併行して，ゲームや遊びを通してたくさん笑い合い，得意な活動や達成感のある活動を一緒にやることで，たくさんほめる機会も作った。苦手なことを克服したいと相談するようになったので，道具の工夫や練習方法の工夫で改善できるかを一緒に考え試した。成功体験は，Ａさんを少しずつ変えていった。学年が上がるごとに，穏やかに過ごせる時間が増えてきた。いやなことがあっても，通級指導教室で相談できるという安心感から以前より我慢できるようになったとＡさん自身が自分の成長を感じ始めた。すると，「友だ

ちがほしい」「友だちと仲良くしたい」と言うようになり，言動に気をつけられるようになってきた。しかし，周囲は今までの経緯もあって，Aさんに対する接し方に変化はなく，それが不満に思っていた。

　第3段階として自己理解を促した。この頃には，自分の行動を振り返り，暴れることでは何も解決しないことに気づき，「もう，暴れたくない」「高校では中学校でできなかった分，友だちを作って楽しく生活したい」とはっきり言うようになっていた。そこで，パニックを起こす前の身体の状況や気持ちの変化を5段階表を用いて確認することにした。5段階表にまとめてみると，相手の言動に対し「なんで？」と思う（イライラレベル1），相手のことをにらんだり言い返したりする（イライラレベル2），意地悪がしたくなる（イライラレベル3），身体が熱くなってくる・みんなが嫌がることをする（イライラレベル4），もう何も考えられなくなって暴れる（イライラレベル5）ということが分かった。ど

次の文章を読んで，考えましょう。

ようこさんの家に10年ぶりに，親せきのおじさんが訪ねてきました。
お父さんと，おじさんは楽しそうに，むかしの話や，最近の話などに
何時間も夢中になって楽しそうに話しています。
ようこさんは，おこづかいももらったことだし，おじさんのために得意
のチーズケーキを焼くことにしました。
できあがったところで，ようこさんは，おじさんに
「おじさんのために, 私の得意なチーズケーキを焼いたの。食べてね」
と声をかけました。おじさんは，
「ケーキは大好きなんだよ。チーズ以外は嫌いなものはないんだよ」
といいました。
なんだか，その場の雰囲気がいっきに悪くなりました。

質問　この場の雰囲気を悪くしたのは，誰だと思いますか？

図2-4-1　架空の人物を使ったワークシート（SST教材）

うして頭から水をかぶってしまうのか，その理由をうまく説明できなかったとも言った。そこで，レベル３になったら，みんなのもとから離れて静かな場所でクールダウンすることを提案し，Ａさんはもちろん，担任や部活動顧問とも確認した。「クールダウンしなければ」と思いながら言い出せず，その後も何度かパニックになることはあったが，次第に，「クールダウンしに保健室に行ってきます」と自分から言えるようになり，暴れることはほとんどなくなった。進学先はイライラや不安の一員となる『行事』が比較的少ない進学校を自分の意思で選んだ。現在のＡさんは，イライラしたり，不安が強いときは，自分から「クールダウンさせてほしい」と先生に申し出ることで，トラブルなく穏やかに高校生活を送っている。高校でできた友人に，自分が苦手と感じていることや時々保健室に行く理由を話したところ，理解してもらえたそうである。Ａさんは今，友だちに囲まれながら大学進学を目指し勉強に力を入れている。

（2）読むこと・書くことが苦手で勉強を諦めていたＢさん

　Ｂさんは明るく元気でスポーツが得意な生徒である。聞く・話す・計算する・運動面には問題がない。しかし，教科書や文章を読むことが苦手で，ルビを振っても逐次読みになり，意味を読み取ることができない。漢字を想起して書くことも苦手であり，板書の書き写しは全部を書き写すことができない。また，自分が書いた字を後から読み返すこともできず，せっかく書いたノートは復習や家庭学習で使えない。ワーク類も読めないため，答えを丸写しにして提出しているが，読めない状態で答えを書き写しているため，知識として定着しない。テストでは問題が読み取れないこと，漢字で書けないことによる減点で点数が取れないでいた。在籍校から，定期考査の問題用紙のルビうちの提案があったが，本人がルビはなくても大丈夫だと言い，配慮がないまま受験している。

　中学生であることを考え，iPadによる代替を身に付けさせることにした。また，分からないときには「自分で調べる」ことを徹底させ，一人でできる学習環境を整えることにした。

　漢字の熟語や英単語については，iPadのアプリを利用し，読み方や日本語訳を調べるようにしている。紙の辞書ではできない発音や読み方の確認ができる点もＢさんにとっては重要である。教科書についてはマルチメディアデイジー

教科書を使うことで内容理解を図っている。ワークやプリント教材は，オフィスレンズとイマーシブリーダーを組み合わせることで，問題や解説の読み上げを行っている。

　定型のシートに記入するもの（通級指導の学習記録や明日の持ち物など）や学習用ワークはデジタルノートに取り込み，テキスト入力での記入を行っている（図2-4-2）。iPadの2画面表示を利用し，片面にワーク，もう一方に翻訳アプリやデイジー教科書などを配置することで，自分で調べて答えをワークに記入することができる。ただ答えを写していたときに比べ，定期考査の点数が向上し喜んでいた。黒板の書き写しについては，無音カメラで撮影した板書の大事なところにマークアップで印をつけたり，必要なことを書き込んだりする練習をしている。読むこと・書くことともに家庭学習ではすでに活用をはじめている。在籍校では合理的配慮として，iPadの教室導入を認めているが，本人が「みんなとちがうこと」に対しての抵抗感を持っているため家庭学習での活用に

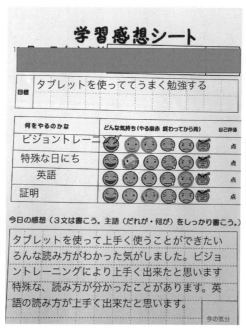

図2-4-2　テキスト入力のワークシート

とどまっている。自分自身でなめらかに使えること，他の生徒と同程度の早さでノート作成ができることを目標に頑張っている。それによってＢさんが教室で自信を持って使えるようになると思われる。実際，最近，iPadの教室導入について前向きな考えを持ち始めている。「どうすれば，テストの点数あげられるかな」と言うようになった。今までは「どうせできない」と学習することを諦めていた。しかしiPadを使って学習することで「できる」という実感を持ったことがうかがえる。

（3）中学校生活の忙しさに疲れ果て，体調を崩してしまったＣさん

　Ｃさんはとてもまじめで，何事にも手を抜かず頑張るタイプの生徒である。成績は優秀で積極的に学習に取り組んでいた。運動部に入部し，毎日休まず練習に励んだ。その結果，帰宅するなり玄関で倒れるほど疲れていた。小学校生活とのギャップに次第に体調不良を訴えるようになり，やがて欠席が続くようになった。

　Ｃさんへの指導においては本人の気持ちや心身の状況を確認することが必要であると考えた。話を聞いてみると，登校することは難しいが勉強はしなくてはと焦っていることが分かった。反面，何もやる気になれず，元来まじめな性格のため，学校に行かないことを自分自身で責めていた。別室登校を勧めたが，別室であっても登校すると体調を崩してしまう。そこで，市内で導入しているe-ラーニング『palstep』を使って自宅で学習していくことにした。解説や動画を視聴して問題を解いていくが，分からないときや質問があれば，オンラインで担任や担当教師に質問ができることを説明した。Ｃさんはすぐに取り組み，次の日には通級担当者に質問メールを送ってきた。答えは合っているが，解説の解き方と自分の解き方が違う，解説の内容がよく分からないということであった。どちらの解き方でもかまわないことを伝えたが，納得できず，Ｃさんが納得できるまで何度もメールでのやりとりが続いた。すると，Ｃさんから「文章での説明は，めんどくさいし，言いたいことがうまく伝わらないので，先生の教室に行って，直接話をさせてもらえませんか」というメッセージが来た。このチャンスを逃すまいと，早速，通級による指導を開始した。実は教室で授業を受けていたときも，先生の説明に納得できないときがあり，何度か質問をし

たが，解決できないままのことが多く学習に対するモヤモヤが続いていたという。通級指導教室では，ホワイトボードやiPadを使ってＣさんの伝えたいことや通級担当者の説明を視覚化することで，疑問に思っていたところを解決した。また，学習に関するカードゲームや実験，調理など直接会わなければできないことをなるべく取り入れた。学習内容はOneNoteにまとめ，通級日以外にも共有できるようにした。

　安定して通級指導教室に通えるようになってきたところで，次のステップに進むことにした。ＣさんがYouTubeやインターネットで視聴し興味を持った内容と学習のコラボレーションを試みた。バタフライピーティーによる酸性・アルカリ性調べ，手作りの原子記号カードの作成，3Dモデリングアプリを使った3Dプリンター用のモデル作成などである。3Dモデリングアプリは英語であることから，iPadの２画面表示を利用し，分からないところは翻訳アプリで自分で調べながら学習を進めた。「モデリングするときに，小学校で勉強した算数の知識が生きた。勉強ってなんのためにやるのか分かった」と学ぶ意義を実感するとともに，わからないときの調べ方，いつも予想通りや計算通りに行くとは限らないことなどに気付いていった。「まあいいか」や「しかたない」と言えるようになり，指導開始時とは見違えるように明るくなり，冗談を言い合えるようにもなった。

　「学び方はみんなとは違うけれど，自分にはこの学び方が合っている」と自覚し，通信制高校への進学を決めた。自分の発想力を生かし，デザインやものづくりなどの分野に進みたいという希望を持ち，高校卒業後の進路を現在検討中である。

4 進学先への引き継ぎ

　仙台市には進学先（高等学校）へのスムーズな移行，支援の継続を目的とした『中高連携サポートシート』があり，保護者の同意に基づき，担任作成のシートと保護者作成のシートの２枚セットで高等学校へ提出している。シートの作成の時に通級指導の様子を担任や保護者に伝え，どのような指導・支援をしてきたか，どんな支援があれば適応できそうか通級指導教室での様子も盛り込んで

もらっている。通級による指導を受け，高等学校に進学した生徒たちのほとんどが進学先に適応でき，次の進路に向けて頑張っている。今でも通級指導で練習した方法で高校の学習に臨んでいる生徒は少なくない。

5 まとめ

　高等学校は学区などの制約を受けず，自分の得意・不得意や学習スタイルなどを考えて選ぶことができる。高校入学は「変わりたい」「新たな気持ちで頑張りたい」と思っている生徒たちにとってチャンスの時である。実際，本通級指導教室で学んだ生徒の大部分が，穏やかで楽しい高校生活または社会人生活を送っていると聞く。自己理解に加え，困った時に援助を求める力や相談できるスキルの獲得，特性を考慮した進路選択ができた結果ではないかと考える。義務教育が終了する中学校は進路選択の大きな節目である。新たな場所でも成功体験を積み重ね，苦手なことは，やり直しのきく小さい失敗で終えられるよう必要な力を付けさせていくことが中学校通級の役割と考えている。

【引用・参考文献】

カーリ・ダン・ブロン&ミッツィ・カーティス（著），柏木諒（訳）(2006) これは便利！5段階表．スペクトラム出版社．

仙台市教育委員会．中高連携サポートシート．

文部科学省（2018）改訂第3版　障害に応じた通級による指導の手引．海文堂．

5 特別支援学校だからできる通級による指導

川村修弘

1 はじめに

　近年，特別支援学校においても通級による指導を行う学校が少しずつ増えてきている。都道府県立の特別支援学校では，地域の子どもの教育相談を行ったり，個別検査等のアセスメントを実施したりする特別支援学校が見受けられる。また，そのような特別支援学校の中には，アセスメントの結果に基づいて定期的な指導を実施する学校が見られるようになってきている。このように，特別支援学校が地域のセンター的機能を発揮し，特別な教育的ニーズのある子どもに対して特色ある様々な取り組みが，平成19年4月に特別支援教育が始まって以降，全国各地で少なからず見られる。

　国立大学の附属特別支援学校も都道府県立の特別支援学校同様に特色ある様々な取り組みを実施する学校が見られるようになってきた。なかでも，地域あるいは附属学校園に通う子どもを対象として，通級による指導を実施し成果を上げている学校が少なからずある。

　そこで本稿では，国立大学の附属特別支援学校であり筆者が所属している宮城教育大学附属特別支援学校が，附属学校園と連携をして取り組んでいる通級による指導について取り上げる。そして，これまで取り組んできた特別支援学校の教員による通級による指導から，特別支援学校だからこそできる通級による指導について考察する。

2 宮城教育大学附属学校園の取り組み

近年，国立大学附属学校園においても公立小学校および中学校同様に発達障害の可能性のある子どもをはじめとした特別な教育的ニーズのある子どもが増加の傾向にある。そのようななか，宮城教育大学附属学校園においても同様に発達障害をはじめとした特別な教育的ニーズのある子どもが増加の傾向を示しており，そのような子どもたちに対して各附属学校園の中でどのようにして充実した支援を行っていくのかが喫緊の課題となっていた。そこで，この教育課題に対応するため附属特別支援学校の専門性を最大限に生かすとともに附属学校園間の連携および協働によって，附属学校園全体の特別支援教育を推進することにした。具体的には，平成22年4月に附属小学校内に通級指導教室（通称：さぽーとルーム）を設置した。指導の対象となる子どもは，特別な教育的ニーズがあり保護者および本人の承諾を得ることができた附属学校園に通う子どもである。通級指導教室の担当者は，附属特別支援学校の教諭が行い，通級による指導の時間だけではなく附属小学校に常駐する形態をとり連携を図った。

附属小学校内に設置された通級指導教室での通級による指導が附属特別支援学校の教員によって行われるようになってから，通級による指導を受ける子どもの人数が年々増加してきた。また，附属小学校で通級による指導を受けていた子どもが附属中学校へ進学した後に子どもの特別な教育的ニーズがあるものの通級指導教室が附属小学校内にしかないことから通級による指導を受ける機会から遠ざかってしまう課題が出てきた。そこで，大学および附属学校園では，附属校園に通う子どもの教育の連続性を考え，平成30年4月に附属中学校内に附属中学校に通う生徒を支援するためのもう一つの通級指導教室（通称：あしすとルーム）を設置した。

これまで，附属小学校内の通級指導教室では，附属幼稚園，附属小学校，附属中学校に通う特別な教育的ニーズのある子どもの通級による指導を担ってきた。附属中学校内に通級指導教室が新たに設置されたことを受け，附属小学校内の通級指導教室では附属幼稚園と附属小学校に通う特別な教育的ニーズのある子どもへの支援を行い，また，附属中学校内の通級指導教室では附属中学校に通う子どもの支援を行うというように役割分担をすることが可能となった。そ

して，附属特別支援学校の教諭２名がそれぞれ経営する２つの通級指導教室が，より機能的に働くことが可能となった。このように，附属中学校に通う中学生においても附属小学校に通う小学生と同様に通級による指導が自校の通級指導教室で受けられるように附属学校園の特別支援教育体制を整備した。

　さらに，令和元年７月からは，大学から正式に兼務発令があり，附属小学校内の通級指導教室を担当する附属特別支援学校の教諭は附属小学校の教諭を兼務し，また，附属中学校内の通級指導教室を担当する特別支援学校の教諭は附属中学校の教諭を兼務することとなった。それにより附属小学校および附属中学校内の運営委員会，職員会議，校内特別支援全体会，校内教育支援委員会などに参加し，校内の特別支援教育に関して専門的な知識を生かした助言を行い，各附属学校園の先生方とより一層の連携・協働することが可能となった。その他にも，附属特別支援学校の教員で通級指導教室を担当する教員は，その専門性を通級による指導のみに生かすのではなく，担任へのコンサルテーション，特別な教育的ニーズのある子どもが授業を受けている様子を参観する巡回，担任とともに保護者との教育相談への参加，個別検査をはじめとしたアセスメントの実施，外部専門家または外部機関との連携等を行い，特別支援学校の教員の専門性を十分に発揮し，校内および附属学校園の特別支援教育のさらなる推進に寄与している。

3 特別支援学校の教員が通級による指導を行うメリット

　特別支援学校の教員が通級による指導を行うメリットには以下の７つが挙げられる。

①発達障害をはじめとした障害特性についての理解

　特別支援学校の教員は日々障害のある子どもと接しており，日々の教育活動から，知的障害，自閉症，その他の障害，あるいは重複障害等の障害特性についての理解が深まっている。また，障害のある子どもの障害特性あるいは指導等に関する研修や研究の機会が設けられていることから，小学校・中学校・高等学校の教員よりも障害特性についての理解があると考えられる。さらに，特

別支援学校の教員は，概ね特別支援学校教諭免許状（専修，1種，2種）を持っており障害についての基礎的知識をすでに習得している。これらのことが，通級による指導を行う上で大変効果的に働くと考えられる。

②通級による指導の中心である自立活動に関する基礎知識と指導経験

　近年，特別支援学校の教育課程に自立活動が時間における指導として位置付けられ，実施している特別支援学校が多くなってきている。自立活動は，特別支援学校において教育課程の中核を担う授業の一つである。その自立活動が，通級による指導の中心であることは言うまでもない。しかしながら，小学校・中学校・高等学校の中では，自立活動が通級指導教室でのみ行われるため，小学校・中学校・高等学校のみの勤務経験を有する通級指導教室担当者には，自立活動がなじみの薄いものとなってしまっているような場合がしばしば見られ，通級指導教室で教科の補充に偏った指導を行っているケースが少なからず見られる。一方，特別支援学校の教員は，自立活動を日々の教育活動の一つとして行い，自立活動の目標にもあるように子どもの自立を目指し，障害による学習上又は生活上の困難を主体的に改善・克服するために必要な知識，技能，態度及び習慣を養い，持って心身の調和的発達の基盤を培うことを念頭に入れて自立活動の指導にあたっている。このように特別支援学校の教員は自立活動の知識とともに自立活動の指導経験を有していることから通級による指導をすることに適していると考えられる。

③実態把握のためのアセスメント

　特別支援学校の教員は，子どもの実態把握を大事にし，日々の教育活動にあたっている。具体的には，標準化された個別検査のようなフォーマルアセスメントや普段の生活面，学習面，コミュニケーション面，行動面などの様子をもとにしたインフォーマルアセスメントを行い子どもの実態把握に努めている。また，外部の相談機関や医療機関で実施した個別検査の結果を見る機会があり，その結果を指導に生かすため概ね個別検査の結果を解釈することができる技能を有している。特別支援学校の教員は，これまでの経験や勘だけに頼る感覚的な指導ではなく，実態把握のためのアセスメントの視点とアセスメントに関する

知識および技能を有していることが，通級による指導にあたり大変有効に働くと考えられる。

④指導段階の細分化によるスモールステップでの指導の構築

　特別支援学校の教員は，個別の指導目標を立てた後にその目標に到達するまでの道のりである指導段階を現在の発達状況を踏まえて設定し，指導に当たっている。指導段階を子どもに合わせて細かく設定することは，子どもの学ぶ意欲の継続につながるとともに子どもの学習効果を高めることが可能となる。子どもがいまどの段階にいるのか，そして，これから次の段階に進むためにはどのような段階を設けることによってスムーズに次の段階へ移行できるのかを常に分析する授業作りの視点が，ここでは重要になる。このように，子どもの指導目標が達成されるように指導段階を子どもに合わせて個に応じて設定し，指導にあたる力が通級による指導でも効果的に生かされると考えられる。

⑤子どもの実態に合わせた教材・教具の作成と工夫

　特別支援学校の教員は，子どもが指導目標に到達できるように指導内容，アセスメントから得た本人の認知面，保護者との情報共有や本人の日々の様子から把握した本人の興味・関心に合わせて教材・教具を工夫することに長けている。具体的には，子どもに合わせてワークシートを工夫して作成したり，身の回りにあるものや100円ショップやホームセンターで購入したものに工夫を加えたりした教材・教具を特別支援学校の教育活動の中で活用している様子をしばしば目にする。このように，特別支援学校の日々の教育活動の中に子ども一人一人の実態に合わせた教材・教具を作成する文化があることから，特別支援学校の教員が小学校・中学校・高等学校に通う子どもの通級による指導を担当することには，大きな教育的意義があると考えられる。

⑥個別の指導計画の作成

　特別支援学校の教員は，特別支援学校に通う子ども一人一人に対して個別の指導計画を作成することが義務となっている。そのため，特別支援学校の教員は，個別の指導計画を作成したこれまでの経験があるだけでなく，個別の指導

計画の要点を踏まえて作成する知識と技能を有している。また，何を個別の目標として設定するのかを様々なアセスメントの結果や本人・保護者の願いを大事にして設定する力も有している。さらに，通級による指導は自立活動が中心であることから，自立活動と各教科や領域との関連について理解し，個別の指導計画に通級指導教室で行う自立活動と各教科や領域との関連を明確に記載したうえで指導にあたることが可能である。このように，特別支援学校の教員は個別の指導計画を作成することを日々の教育活動から学んでいることから通級による指導を担当することで，より大きな指導効果を発揮するものと考える。

⑦外部専門家あるいは外部の相談機関・医療機関との連携

　特別支援学校では，子どもが作業療法士や言語聴覚士などの外部の専門家とつながっていたり，発達相談機関，病院等の医療機関，放課後デイサービスなどの支援機関とつながっていたりすることが多いことから，子どもがつながっている外部資源に目を向ける視点を有している。そして，効果的に外部の専門家や機関と連携を図るためにはどうしたら良いのかを子どもとの日々のかかわりの中で学んでいる。また，外部の相談機関や医療機関との連携において，子どもの何をどのように伝えることで，より効果的な連携を図ることができるのか，また，効果的な連携を図る上で，どのように役割分担をしたらよいかという多職種連携の視点を有している。これらのことが，特別支援学校の教員が通級による指導を担当したときに有効に作用するものと考えられる。

　以上のように，特別支援学校の高い専門性を有する教員が，小学校，中学校，あるいは高等学校における通級による指導を担うことは大きなメリットがある。今後，ますますその役割が大きくなってくるものと考えられる。

4　教育相談

　前項では，特別支援学校の教員が通級による指導を行う7つのメリットについて説明をした。しかしながら，特別支援学校の教員が通級による指導を行う直接的な良さだけでなく，通級による指導を行う前段階である教育相談におい

ても有効に機能することを本項では説明する。

　子どもに通級による指導を行うには，保護者および本人の承諾が必要であることは言うまでもない。つまり，保護者および本人の承諾なしに通級による指導を行うことはできない。担任が学校での子どもの生活面，学習面，コミュニケーション面等において何かしらの苦手さや課題に気付いて保護者に伝えても，保護者が子どもの特性に関して理解したうえで通級による指導に対して承諾をしない場合には，たとえ子どもに特別な教育的ニーズがあったとしても通級による指導には至らない。また，担任が保護者に子どもの苦手さや課題を教育相談で伝え，通級による指導を勧めたときに，担任の伝え方，保護者の捉え方や理解によっては，担任と保護者との関係が悪化しまうような場合が少なからず見られる。そのような場合に，もし校内に特別支援教育に関する高い専門性を有する特別支援学校の教員がいれば，担任や学校組織にとってだけではなく，保護者にとっても大変有効に働くだろう。

　前述したように宮城教育大学附属特別支援学校の２名の教員がそれぞれ附属小学校と附属中学校の教員を兼務し，附属小学校および附属中学校内に常駐している。そのため，保護者との教育相談が行われる際には，担任とともに教育相談に入って対応している。教育相談では，担任が保護者に対して学級内での子どもの学習面や生活面について話し，子どもが学校生活の中で何に困っているのかの事実を保護者に伝える。多くの保護者は，自分自身でも子どもに対してどう対応していいのか分からずに困っている場合がしばしば見られるが，一方で，家庭では学校と違い穏やかに過ごしており問題ないという場合がある。そのようななかで，特別支援学校の教員が教育相談に入ることによって，子どもの学校生活の中での課題や困難さについて行動の背景や捉え方など認知特性の視点，障害気質の視点，友達や担任等の環境との関係等と関連付けて伝え，保護者に理解を促すことができる。

　また，今後どのように学校・学級で対応することで，子どもの抱える苦手さ等の課題が改善されるのか，家庭ではどのように接すれば子どもがいまよりも安心して落ち着き状況が良くなるのかを助言することが可能である。このように，専門知識を持った特別学校教員が小学校，中学校，高等学校に常駐することあるいは常駐せずともこれまでに特別支援学校で勤務経験を有する教員が校

内にいれば，特別支援教育に関する高い専門性を生かした通級による指導を行うだけでなく，教育相談を通した保護者支援，通級による指導を受けることに対しての保護者からの承諾を得ることなどがスムーズに行われ，校内の特別支援教育の推進に大きく寄与することができると考えられる。

5 まとめ

　特別支援学校の教員が地域の小学校あるいは中学校の通級による指導を担当している学校は，全国的に見てまだ少ないのが現状である。本稿で一例として取り上げた宮城教育大学附属特別支援学校のように，附属特別支援学校の教員が附属小学校あるいは附属中学校の教員を兼務し常駐する体制をとっている学校は少ないと思われる。今後，特別支援学校の教員の専門性が十分に生かされ，地域の小学校，中学校および高等学校の通級による指導が活性化するための議論が求められる。そのためには，各都道府県の教育委員会あるいは政令指定都市の教育委員会が主導で，各地域の実情に合わせた特別支援学校の専門性を生かす通級による指導の形態を探索的に研究していくことが重要である。そして，その取り組みを蓄積し，互いにデータベース等によって情報を共有することが可能であれば，特別支援学校の専門性を生かした通級による指導がさらに推進し全国に展開されていくと考える。

6 将来を見据えた高等学校における通級による指導

—— 校内体制の構築ならびに社会的自立と
社会参加を見通した取組

熊本　靖

1 はじめに

　平成28年12月に学校教育法施行規則の一部を改正する省令等の公布がされ，高等学校における通級による指導が制度化された。

　宮崎県では，それに先立ち，県内を7つのエリアに分け，「エリアサポート体制によるみやざきの特別支援教育の推進事業」を進めてきた。各エリアには，エリアコーディネーターとチーフコーディネーターが配置され，幼稚園・保育所・認定こども園，小学校，中学校，高等学校・中等教育学校ごとにモデル園・拠点校が設置された。そこでは，発達障がいを含むすべての障がいのある子どもの多様な学びに対応するため，校内支援体制の充実，及びそれらをつなぐ一貫した地域支援体制の構築を図ることを目的に，特別支援教育の推進を図ってきた。

　高等学校では，平成29年度に推進校4校から「高等学校における通級による指導」に関する研究が始まり，年次毎に推進校が増え，令和2年度には，県立高等学校11校（全日制10校，定時制昼間部・夜間部1校2部）が高等学校通級拠点校として設置された。12名の担当者が各学校での中心者となり，自校通級の形態での研究・実践を進めている。本稿では，それら県内の通級拠点校におけるさまざまな取組を紹介する。

2 通級による指導を実現するまでの2つのアプローチ

　高等学校における通級による指導が制度化されたとはいえ，その実施に向け

ては，各学校で様々な課題を解決していかなくてはならない。県内の高校通級拠点校での取組は，実施に向けて大きく２つのアプローチに分けられる。

　１つは，生徒一人一人の特性と個別の教育的なニーズに応えるために，個別の支援としての通級による指導の実施を優先していくアプローチである。もう１つは，通常の学級で行われる授業のユニバーサルデザイン化をはじめ，学校全体で特別支援教育の視点を生かした通常の学級での様々な取組を実践した上で，その延長に個別の支援としての通級による指導を計画・実施するアプローチである。前者が図2-6-1の第３次支援の個別での指導である上から下への方向性をもったアプローチであり，後者が下から上方向へ，つまり第１次支援への取組を優先したアプローチである。県内の拠点校では，それぞれの学校の特色や課題，生徒の実態に応じて，様々な取組を行っている。

　全体での指導（第１次支援）から校内体制の構築するためには，通級による指導の内容や意義を周知し，教職員全体の共通理解を図ることが必要である。特に，「学校や学級全体から小集団」，「小集団から個別の指導・支援」へと連携を図りながら，通級による指導に生かすためには，まず校内体制の構築をすることが先決である。

（1）特別支援教育の視点を生かした授業の工夫や学習環境の改善

　全日制職業学科Ａ校では，第１次支援として，生徒全体の80～90％程度を占

図2-6-1　校内体制のイメージと取組の方向性

める全体での学習指導（通常の学級における授業）を中心に，わかりやすい授業づくりとしての「授業のユニバーサルデザイン化の推進」をはじめ，学校全体で特別支援教育の視点を生かした授業の工夫や学習環境の改善に取り組んでいる。全教師が特別支援教育の視点による「授業チェックリスト」により自らの授業を振り返り，授業の工夫・改善を行い，相互に授業を公開し，教科・学科ごとに授業研究会をすることで，教師自身の授業力の向上にも結びついている。また，担任によって異なる教室環境（学級設営）を，特別支援教育の視点から見直し，教室前面の視覚刺激を軽減するために教室の掲示等を工夫したり，聴覚刺激の軽減のために椅子にテニスボールを付けたりするなど，全学年・全学科で統一する取組も行われている。このような取組が，特別支援教育の考え方を学校全体へ広げることになり，後々の通級による指導の実施に向けての土壌づくりになるのである。

（2）学校全体の将来を見据えた特別支援教育のグランドデザイン

　全日制普通科B校では，図2-6-2のように，各校務分掌の業務内容を，特別支援教育の観点で整理したグランドデザインを作成し，各部の取組を整理し，明確にすることで，「全ての生徒の可能性を引き出す『個別最適な学び』の創造」を全体目標として掲げ，通級による指導の実施に向けて，年次計画で取り組もうとしている。ともすると，通級による指導をどの生徒を対象にどんな内容で誰が指導するかということばかりに教師の目が向き，通級指導担当者だけに頼った一部の教師による「特別な特別支援教育」になりかねない。そこをこの学校では，「学びの支援」を軸に，指導・支援体制を構築していく全体計画が立案され，学校の将来を見据えた特別支援教育を推進するとともに，通級による指導を実現していこうと全教職員が学校全体として取り組もうとしている。

（3）通級による指導に生かす「スクールワイドPBS」の取組

　全日制職業学科C校では，スクールワイドPBS（学校全体で取り組む積極的な行動の支援）の考え方を活用し，１年生全ての生徒を対象に，適切な行動を学ぶ手立ての一つとして，ソーシャルスキルトレーニング（SST）を学校設定科目「ライフスキルⅠ」として実施している。そのことが，生徒同士の人間関係

の向上や攻撃的な言動の抑制・抑うつなどの重度化を予防しており，学力面での効果も出ている。そして，それらの取組を進めていく中で，行動評価表に関する個人の数値データを根拠として，特性や課題のある生徒の実態が把握され，2年次からの個別の指導としての通級による指導「ライフスキルⅡ」に生かされている。高等学校で通級による指導を実施する際の一つの課題である「履修生徒の決定」について，1年次の学年全体での取組が，通級による指導の必要な生徒を決定する上での判断材料になっていて，生徒一人一人の特性や教育的ニーズを把握し，生徒や保護者との合意形成のためにも役立っている。

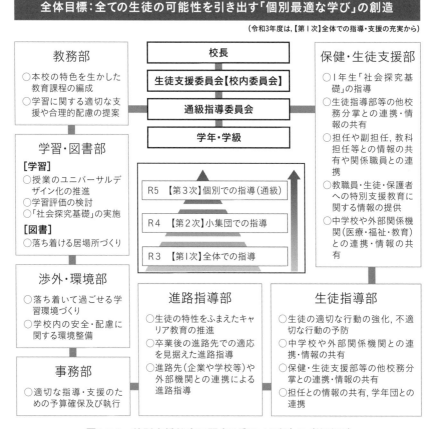

図2-6-2　特別支援教育に関するグランドデザイン（簡略版）

3 将来の社会的自立と社会参加を見通した通級による指導

　高等学校における通級による指導では，「何を教えるか」ということがまだ十分に確立していないのが現状である。指導内容（特別の指導）は，特別支援学校学習指導要領の「自立活動」に相当する指導で，6区分27項目を相互に関連付けて設定することになっている。小中学校までの義務教育での通級による指導との連続性も考慮しながら，特別の教育課程の編成や単位認定の制度上の課題などを整備した上で，本人の特性や障がいによる学習上又は生活上のつまずき（困難）に着目したよりきめ細かい指導・支援が求められ，その改善・克服することを目指して実施しなくてはならない。また，高校生としての現在の様々な生活場面のみならず，卒業後の社会的自立や社会参加を図るために必要な能力の育成や，生徒本人の自己肯定感の向上につながることなどが通級による指導には期待されている。そうした視点を持つことが，高等学校において通級による指導を行う際には大変重要になってくる。

（1）キャリア発達を促す進路決定のための取組

　キャリア発達を促す指導と進路決定のための指導は，進路指導の前提として系統的に展開し，学校の教育活動全体を通じて行うキャリア教育を効果的に進めていくことが重要である。そして，在籍する生徒が，将来，社会人として自立し，時代の変化に対応していけるように，基本的生活習慣をはじめ，コミュニケーション能力や規範意識などの能力を身に付けさせる支援が特に必要となってくる。それは，進学や就職のために，これまでの人生の中で，初めて親元を離れて生活を送ることになる生徒にとって，様々な生活上の困難を改善・克服していかなくてはならないからである。特別な教育的ニーズのある生徒にとって，特に大切なことは，「自己理解」と「自己の意思決定・行動選択」，そして何より「自己肯定感」を高め，身に付けることである。

　全日制職業学科D校は，卒業生の約8割が就職する学校で，「自己理解」と「自己肯定感」をキーワードに，通級による指導を行っている。一つ目の「自己理解」の取組では，「客観性のある自己理解」をさせるために，表2-6-1のような自分たちで実施できる様々なアンケート（嶋田ら，2010）を活用している。

表2-6-1　実施しているアンケート

KJQ	「こころのエネルギー」と「社会生活の技術」を数値で測り，やる気や意欲，こころの安定，社会で生き抜く力のもとなどについて，今のこころの状態を知り，現在の自分を見つめる。
SRS-18	自分自身のストレス反応の特徴を知る。抑うつ・不安，不機嫌・怒り，無気力の視点で自分のストレス状態を理解する。
TAC	様々なストレスに対して，自分がとる対処方法の傾向を知り，ストレス感情を自分でうまく処理する「ストレスマネジメント」を学ぶ。

　これらアンケートに自ら回答することが，これまでの自分自身を振り返ることになったり，その結果を採点し自己分析することが客観的に自分を理解する機会になったりしている。そして，具体的にどう対処したらいいのかを学び，その後，自分の身の回りで様々な出来事が起こった時に，これまで学習したことを思い出し，少しでも活かすことができれば，成功体験を積み，自分自身を成長させていくことにつながるのである。

　二つ目の「自己肯定感の育成」は，現在の学校生活から将来の社会生活を送っていく上で，学習意欲や生活習慣の改善，よりよい人間関係の醸成のための土台となる部分として大切である。

　そこで，「自己肯定感チェックシート」(中島，2019)を参考にして作成し，①自尊感情・②自己受容感・③自己効力感・④自己信頼感・⑤自己決定感・⑥自己有用感の6つの「感」に分けてワークシートを使って学習を進めた。それぞれに，①「Wishリスト」，②「エクスプレッシブ・ライティング」・「スリー・グッド・シングス」，③「ライフチャート」，④「習慣トラッカー」，⑤「タイムマネジメント」，⑥「誰かのいいとこ探し」など，チェックシートの結果を参考にして，自分の内面と対話しながら記入できる「自己肯定感を高めるための書き込み式ワークシート教材」(中島，2019)をアレンジして活用した。

(2) 卒業後の適応を目指した取組

　通級による指導を受ける生徒には，卒業後を見据えた系統的なキャリア教育

を進める必要がある。働く上で必要となる資質や能力（ワークキャリア）と自立して生活するために必要となる資質や能力（ライフキャリア）の発達である。

　全日制職業学科E校では，就職を１年後に控えた３年生の通級による指導の最初の授業で，ビジネスマナーとしての「名刺交換」を実施した。履修する生徒同士で交換したり，担当の教師にも名刺を持参してもらい，実際に教師と交換したりするなど，社会人としてのマナーを身に付けさせることも，将来，社会的に自立することを想定させるには，よい機会であった。

　また，給与やクレジットカードの使い方などの金銭教育・消費者教育も課題となることであり，ビジネスマナーとしての「報（告）・連（絡）・相（談）」など，将来を見据えて様々な学習内容を用意する必要がある。他にも，いわゆる性教育や他者（異性等）へのマナー，性の問題行動などを学習させ，将来，生徒が性に関する加害者・被害者にならないようにすることも必要であろう。

（3）実際的な体験と関連付けた取組

　職業学科のある学校では，特別活動や総合的な学習の時間などに位置づけた「インターンシップ（職場体験学習）」や「施設実習」などが行われている。これらと関連付けながら，通級による指導を工夫することにより，通級での学びが実社会や仕事の現場で，どう生かされるのかを実感させることができる。

　全日制普通科・職業学科F校では，インターンシップが行われる前の通級による指導の中で，受け入れ先への事前挨拶の電話のかけ方や訪問時の挨拶，自己紹介など，これから体験することが予想される内容について，全体での指導とは別に，個別に指導した。担当教師とのロールプレイや実際に人前に立っての挨拶など，事前に体験させることで，本人の困り感や不安感を和らげることができ，自信をもって参加することができた。通級による指導を受ける生徒にとって，学校生活の様々な場面で成功体験を積み上げることが，何よりも自己肯定感を高め，自信を持たせるためには有効である。

　全日制普通科G校では，大学や短大，専門学校に進学を考える際に，実際にオープンキャンパスに参加して，進路先の障がい学生支援の状況を調べさせたり，実際に支援担当者に会って相談したりするなど，学びたい学部や学科，自身の学業成績による進路先の選択だけでなく，学生支援体制の充実も進路決定

のための大切な材料になることを学習させている。また，学校内外の相談でき
る関係機関について調べることも，学生生活を送る上で大切なポイントである。

　さらに高等学校としては，個別の教育支援計画を進路先に引き継ぐなど，本
人が進路先に適応し定着することを目指して，本人の特性の理解や必要な配慮
などの情報を引き継ぐことが大切である。

4 おわりに

　高等学校において「通級による指導」を実施するには，様々な課題を解決しな
ければならない。教職員全体の共通理解，特別の教育課程の編成，中学校や進
路先との縦の連携，履修生徒の決定，実態把握からの目標設定や指導内容の決
定，評価と単位認定，外部の関係機関との横の連携，等々，挙ればきりがな
い。しかし，全国の全ての高等学校には，特性や個別の教育的ニーズを持つ生
徒が多数いて，何らかの個別的な支援を必要としている。そんな生徒一人一人
の持てる力を高め，可能性を広げるために「通級による指導」をしていきたい。

　最後に，筆者の人生の師匠とも言えるある先生からのことばを添えたい。

　「子どもたちにとって，最大の教育環境は，教師自身である。」

【引用・参考文献】

文部科学省 (2016) 高等学校における通級による指導の制度化及び充実方策について (報告)
　　https://www.mext.go.jp/b_menu/houdou/28/03/__icsFiles/afieldfile/2016/03/31/
　　1369191_02_1_1.pdf

国立特別支援教育総合研究所 (2020) 高等学校教員のための「通級による指導」ガイドブック
　　おさえておきたいQ＆A.

嶋田洋徳・坂井秀敏・菅野　純・山﨑茂雄 (2010) 中学・高校で使える人間関係スキルアップ・
　　ワークシート. 学事出版.

中島　輝 (2019) 書くだけで人生が変わる自己肯定感ノート. ＳＢクリエイティブ.

小田浩伸 (編著)・柘植雅義 (監修) (2020) 高等学校における特別支援教育の展開 (ハンディ
　　シリーズ「発達障害支援・特別支援教育ナビ」). 金子書房

第3章

通級による指導を活かすために

1 在籍校・在籍学級で 子どもが力を発揮できるための通級の役割

冢田三枝子

1 はじめに

　「通級だからできるんですよね。」通級担当者の多くが在籍学級担任から一度は言われたことのある言葉ではないかと思う。通級による指導は、「小グループや個別指導ではないか」、「指導目標や内容が絞られているのだから通常の学級とは違う」、「通常の学級では難しいことが多い」等と担任の先生方は言いたいのではないかと考える。特別支援教育が浸透しつつ、学習指導要領の中にも配慮の必要な子どもへの対応が示されるようになってきても、通級による指導と在籍学級の指導との間には見えない壁があるように感じる。しかし、児童生徒が多くの時間を過ごすのは、通級ではなく在籍学級である。通級が安心できる居場所になっていたり、自分と向き合う大事な時間となっていたりしていても、多くの時間を過ごす在籍学級での居心地が悪ければ、通級を退級することも難しい。見えない壁を取り除くには、通級担当者がもっと在籍学級での様子を知ること、在籍学級担任と支援の方法等の情報を共有することが必要である。

　横浜市の横浜型センター機能の取組には、特別支援学校のセンター的機能と併せて、通級指導教室担当者による支援センター機能（図3-1-1）がある。通級児だけでなく、学校がアドバイスを必要としている児童に対しても、通級担当者が在籍校からの依頼を受けて出向く機能である。このシステムにより、通級

担当者が学校に介入していくことが増え，通級の存在も周知され，学校の特別支援教育の構築のために関わることができた。

　令和元年度，支援センター機能や文部科学省や横浜市の研究事業（コラボ教室）を踏まえ，通級児のために在籍校に継続的に介入していく取組【協働型巡回指導】が小学校においてスタートした。

2　通級型指導教室（コラボ教室）での研究

（1）研究の概要

　横浜市立仏向小学校では，文部科学省と横浜市の指定を受け「適応困難な児童の個性を伸ばす教育事業」として平成29年度より3年間，研究に取り組んできた。この研究は，通級指導教室としてではなく，従前からの自校通級，他校通級の仕組みを利用しつつも新しい取組が可能になるよう『通級型指導教室』（通称「コラボ教室」）として行われた（図3-1-2）。

　「専門分野」「社会性」「自己理解」を3つの柱として，自分らしさ（よさと個性）を生かし，人や社会とつながる力を伸ばす教育を目指してきた。本人の強み（好き・得意）を生かし，本来持っている学びの力を引き出す指導を行うためには，社会性や自己理解の把握を十分に行うことが必要であると考え，「通級型指導」「巡回型指導」「専門分野指導」「本人参加型会議」の4つの指導形態を組み合わせて指導を展開した。

横浜型センター機能

（指導方法・指導内容・環境調整等へのアドバイス）（研修）等

特別支援学校のセンター的機能
通級指導教室の支援センター機能
地域療育センター等の学校支援事業

図3-1-1　横浜型センター機能

(2) 通級型指導と巡回型指導

　コラボ教室で培った自信と対人関係スキルを生かし，他者とつながりながら個性を発揮できるような支援ができるように，通級型指導と巡回型指導を併用して行った。併用したことにより，通級指導での本人との対話からニーズを把握し，共に在籍学級での過ごし方や学び方の作戦を考える「本人視点」と，在籍学級への情報提供や助言，在籍校教員の専門性の向上や校内支援体制の充実への支援という「学校組織の視点」の両方を大事にすることができた。特に，継続的に同一の担当者が在籍校・在籍学級と関わることにより顔の見える関係が確立され，児童支援専任（横浜市において特別支援教育コーディネーターと児童指導を兼務する専任教諭）や学級担任との連携がスムーズになった。巡回指導では，別室で児童支援専任同席のもと通級担当者が通級児へ指導をすることもあったが，ほとんどは在籍学級でのTTとしての役割を担った。そのため，通級児を取り巻く人間関係にも関与することが可能となった。学習場面だけでなく，休み時間における遊びの場を通しての関わりや養護教諭との連携から通級

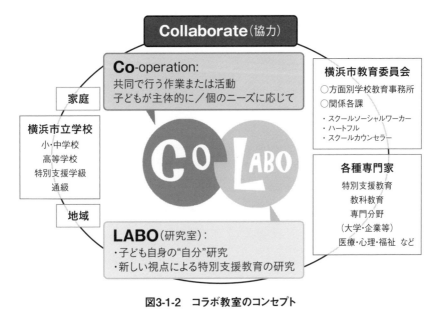

図3-1-2　コラボ教室のコンセプト

児の居場所づくりも行うことができた。

　通級児への支援・指導を中心にした巡回指導ではあったが，コラボ教室の「児童のよさを生かす」という視点は，在籍学級の学級経営・在籍校の校内支援体制づくりへの一助となった。研究の一環ということもあり，通級児も保護者も在籍校も，巡回指導に対して大変協力的であったことも成果につながった。

3 協働型巡回指導

　コラボ教室での成果と課題を踏まえつつ，横浜市では協働型巡回指導の推進実践校を指定し，令和元年度よりその取組を開始した。協働型とは通級の担当者と在籍校の教員との協働を意味している。令和元年度は1校，2年度は4校，3年度は8校と順次推進校を広げ，全通級指導教室への展開を図っている。

（1）協働型巡回指導までの流れ

　教育委員会は，通級設置校へ協働型巡回指導の推進実践校を依頼すると共に，通級と一緒に対象児童の選定を行った。その後，通級は対象児童と保護者に協働型巡回指導についての説明をし，教育委員会は校長会や協働型巡回指導の対象校への発信・説明を行った。

（2）協働型巡回指導のねらい

　協働型巡回指導の目的は，次の2点である。

> ①通級による指導を受けている児童が，在籍校においても通級指導教室担当教員の指導を受けることにより在籍校や在籍学級での適応の促進を図ること
> ②通級担当教員による児童への直接指導や在籍校の教員への助言等を通して，在籍校の教員の専門性の向上や校内支援体制の充実を図ること

　目的が達成できるためのよりよい方法を検討・共有するために，年に2～3回，教育委員会と推進校の連絡会と研修会が行われている。

（3）仏向小学校における協働型巡回指導

　コラボ教室での研究を終え，令和2年度より通常の情緒障害通級指導教室として仏向小学校通級指導教室が開設された。開設と併せて，市内18区のうち西部方面の1区を担当エリアとする協働型巡回指導実践推進校の指定を受けた。他の推進実践校と違い，これまでのコラボ教室の流れから協働型巡回指導の対象者を通級児全員とする独自の視点をもってスタートすることができた。

　児童によって，通級指導は週1回，月2回，月1回，また，協働型巡回指導は月1〜2回のペースで実践した。通級指導で行ったことを通常の学級でどのように生かすことができるか，通常の学級での課題を解決するために通級でどのような課題を設定するかという補完しあう関係をより一層強化できるように取り組んでいる。

　一つの区を担当していることから，区校長会，区副校長会および，区児童支援専任会においても，通級指導や協働型巡回指導のことを発信しやすいメリットがあった。また，通級担当者全員が協働型巡回指導を担当していることから，巡回指導における課題を共有し，その解決方法について考えることができた。

（4）協働型巡回指導の成果と課題

　巡回担当者の育成，通級児の受け止め方，在籍校との打ち合わせの時間の確保等々課題はあるが，過大規模化の打開策の一つとして，また，在籍校の特別支援教育力・学校組織力を向上させるために，協働型巡回型指導と通級指導の併用は効果的な方略ではないかと考える。

　通級における成果としては，通級の中では見られなかった通級児が困惑したり，苛立ったりする場面をとらえられたこと，それを通級指導において振り返ることで対話や理解が深まったことである。在籍学級における成果として，具体的な場面を通級担当者と共有できることで，より子どもの実態に応じた支援や教材について情報が得られたこと，また，他の児童への支援につなげることができたことである。在籍校が児童の課題や背景の難しさに問題意識を感じているほど，巡回指導の受け入れに対して積極的であり，特性の理解や指導方法の工夫が進んだ。

4 在籍学級で児童が力を発揮できるために

(1) 家庭への支援

　通級指導教室で学んだことを日常生活の中で振り返ったり，活用したりするためには保護者の協力が不可欠である。就学前から地域療育センターを利用してきた保護者ばかりではなく，通級指導教室につながることによって子どもの抱える課題と向き合い始めた保護者もいる。学校から学習面あるいは行動面の課題が伝えられ，泣いたり怒ったりしながら子育てをしてきた保護者も多い。

　横浜市の小学校情緒障害通級指導教室では，従前より児童が通級指導を受けている間に，『保護者担当』の教員が保護者への対応を行うなど，保護者支援を一つの大きな柱として考えている。保護者が安定した気持ちで子どもの特性を理解し，寄り添い，励ましていくことができるように，情報提供をしたり，保護者の悩みを聞いたりしている。また，保護者の学びの場として，保護者同士が話し合うピアカウンセリングの場としても機能するように取り組んでいる。保護者自身が安心して話ができる場があることは，子どもを支える力になり，子どもの成長につながっていく。

(2) 在籍学級への支援

　通級児が学校の中で多くの時間を過ごすのが在籍学級である。困っているために周囲にも影響を及ぼすような言動を取る通級児がいる一方，発信できずに静かにやり過ごしてしまう者もいる。担任としては，前者のような場合，通級児の言動に振り回されてしまうような気持ちになり，悩むことも多いと思われる。後者の場合は，通級児の思いに気付かないままのこともあるかもしれない。通級児が学級の中で居場所を作れるように，担任の困り感ではなく，通級児の困り感に立って理解してもらうことが必要である。子どもの気持ちから出発することで，単に行動を責めたり，表面的な順応や学習についていけていればよしとしたりする考え方からの転換を図ることが望まれる。

　協働型巡回指導において，通級担当者が最初にすることは，担任の思いに寄り添うことである。担任自身が困ったり，悩んでいたりする思いを汲み取るこ

とが大事である。担任に余裕がなければ，通級児が居場所を作り，維持していくことは難しい。学級の様子や担任の経験等を鑑みながら，学級の中で担任ができそうな支援を考え，通級児を受け止めてもらえるように働きかけていかなければならない。また，通級児の課題や支援を理解する前提として，できることやよさを共有できるように働きかけることも通級担当者の責務であると考える。

そのために，通級児・通級担当者・保護者と一緒にケース会議（以下，本人参加型会議）を開くことも一つの手立てである。本人参加型会議は，通級児本人の思いを大事にして参加者や会議の場所を選び，本人の特性に合わせて会議の時間を区切りながら運営する。「よいことろ」「困っていること」「やってほしい支援」「めあて」を参加者で話し合いながら，本人の思いを聞きとっていく。これまでの支援は，通級児本人の声から発したものよりも周囲の大人の考えに基づいたものが多かった。すべての通級児が自分に必要なことをすぐに言語化することは難しいが，自己理解を進められるよう通級の中で継続した指導を行うことで，徐々に自分にとって必要なことを伝えられるようになってくるだろう。

本人参加型会議に，担任が一緒に参加できなくても，会議の内容を共有することで通級児の気持ちやよさを新しい視点で考えてもらえるきっかけとなるに違いない。

（3）在籍校・管理職からの支援

日々，在籍学級担任を支えるのは，学校組織である。担任と通級担当者だけでなく，管理職同士もまた，顔の見える関係を構築していくことが必要と考える。なぜなら，管理職が通級児のことを理解することが学校組織全体で通級児を理解しようとする体制づくりにつながるからである。担任以外の教職員による通級児への理解が進めば，通級児は在籍学級以外にも安心できる人，安心できる居場所をもつことができる。特別支援教育に関わる学校組織力向上のため，通級担当者が，在籍校の児童支援専任や養護教諭等とも連携を図り，通級児の居場所，すなわち，力を発揮するための基地づくりに関われるよう，通級設置学校長は在籍校校長とのやり取りを通してサポートすることが大切である。

協働型巡回指導を実施して半年以上たった頃の話である。巡回担当者が体調

を崩したため，「明日の巡回は無くなりました」と相手校の管理職に連絡したところ，「特別支援学級の担任に伝えておきます」と言われたことがあった。まだまだ周知の仕方が不十分であることを実感したエピソードである。

　通級児が力を発揮するために，協働型巡回指導等で担任と通級担当が熱心に連携しても，その仕組みを管理職が理解していなければ十分な活用はできない。学校組織として特別支援教育に取り組もうという意識を管理職がもてるように働きかけていくことが，通級児だけでなく多くの子どもが力を発揮できることにつながると考える。

5　まとめとして

　通級児が自身のよさや強みに気付き，もてる力を発揮できるために，通級担当者は在籍校・在籍学級に求められる存在になることが望まれる。しかしながら，一人でその任を担うのは負担も大きい。通級担当者がチームとして研鑽し合うこと，教育委員会や専門家からのスーパーバイズ，設置校のバックアップが必要である。

　通級児とともに，一人一人の個性を認め合う時代から個性を活かし合う時代に向かって，着実に歩み出したいと思う。

2 小・中学校における通級の役割と 高等学校における通級の役割

堀川淳子

1 はじめに

　平成5年に制度化された通級による指導は，25年が経過した平成30年には高等学校でも実施されることとなった。筆者が勤務している高等学校では，平成31年度より通級指導が始まった。それに合わせて通級指導担当として高等学校に赴任することとなったが，そこでいろいろな生徒に出会った。その出会いで感じたことは，小・中学校でニーズに応じた指導や支援を受けることができないまま育ってきた生徒が少なくないということである。

　彼らから異口同音に聞かれたのは，「自分はバカだ」「自分はダメな人間だ」という悲しい言葉だった。周囲からの対応に傷付き，何事もうまくいかないのは自分が悪いからだととらえていた。小学校や中学校のときに自分の苦手な面だけでなく得意な面も知っていたら，「うまくいかなさ」の原因が分かっていたら，自分に合う学習の方法や自己支援の方法を知ることができていたら，そのような思いを持つことやマイナスの自己評価が増幅することを防ぐことができるのに……。そのような思いが強くなった。

　このような現状がある中で，どうすれば彼らを不必要な傷付きから守り，自己評価を高めることができるのだろうか。通級指導教室や担当者はそうした指導や支援のニーズがある児童生徒に対して，また児童生徒を支える先生たちに対して，どのような役割を果たすことができるのだろうか。

2 発達段階による通級の役割の違い

（1）小・中学校では

　通級指導の中心的な役割が的確な見立てに基づいた指導・支援の展開であることは言うまでもない。通級指導を受けることによって子どもが学習や活動への意欲を持てるようにすること，自己肯定感の基礎を育てることが最も重要だと感じている。

　発達障害のある子どもの内発的動機づけ（意欲）を高めるためには，「交流感」「自己決定感」「有能感」という3つの心理的欲求を充足させることが重要である（川村，2008）。「交流感」とは自分は周囲の人から受容されているという気持ち，「有能感」とは自分はできるという気持ち，「自己決定感」とはやりたいことを自分で決めることができるという気持ちのことである。

　学年が上がっても「自己決定感」や「交流感」の充足が重要であるとの結果が示されている。高学年になっても，自分でやりたいことを選んで取り組んでいるのだという感覚を持つこと＝「自己決定感」の充足や，周囲の人から褒められ認められているという感覚を持つこと＝「交流感」の充足が重要だということである。「やってみよう」「やってみたらできた」という経験を積み重ねることによって「有能感」や自己肯定感が育まれ，次なる意欲が生まれる。

　先日，小学校のときに通級指導を担当していた卒業生から，大学に合格したとの葉書が届いた。この卒業生は覚えることが苦手で，かけ算九九の暗唱に苦戦していた。7の段や8の段で混乱し，算数に苦手意識を持っていた。そのとき取り入れた方法は，「線路は続くよどこまでも」など既存のメロディーに乗せて7の段や8の段などの替え歌を歌うというものであった。カセットテープに歌を吹き込み，それを家に持ち帰って繰り返し歌った。葉書には「理学部数学科に入学した」と書かれていた。続いて「7の段の歌と8の段の歌のおかげで，数学の入り口に立つことができました」との文面もあった。

　このエピソードは卒業生が小学校4年生のときのものである。具体的な手立てや方法を学んで成功体験を得ることができ，数年が経過してそれらの経験を客観視できるようになったときに「この方法があればできた」と振り返っていた。

「自己決定感」の充足が「有能感」につながるのである。

　「交流感」にも目を向けよう。小学校低学年の子どもは，自分が何のために通級しているのかということをまだ十分に理解できていないだろう。通級指導教室に行くとそこにやりたい活動があり，活動を一緒に楽しみ自分を認め褒めてくれる先生がいる。そのことが子どもの意欲を支える。その存在の大切さは，低学年の子どもについては言うまでもないが，中学年や高学年，さらには中学生になっても容認的に対応してくれ，「交流感」を充足させてくれる大人の存在がさらに重要となる。

　小学校中学年頃になると，ケースによっては低学年頃から「自分は何だか友達と違う」という気づきが芽生えたり，「みんなができることを自分はできない」と落ち込んだりする様子が見られたりする。そのようなときに，「ここを目指してこんな風に取り組んでごらん」と目標や手立てを示してくれ，取り組みの過程や成果を認めてくれる人がいることが，そしてやってみたらできたという経験が，それから後の適切な自己理解や意欲につながる。

　中学校の段階になると，学習内容の難しさやルールの厳しさなど，ハードルが高くなる。子どもは「みんなと同じようにできなければ」との思いを持っており，それができない場合には自分を責めたり落ち込んだりする。そのようなときこそ，自分を理解し励ましてくれる人の存在が重要になる。自分に合う方法を使ってもよい，自分なりの目標を設定してよいという気持ちを後押ししてくれる。伴走者として寄り添ってくれる通級担当者の重要性はさらに増す。

（2）高等学校では

　高等学校は社会に最も近い「出口」の学校であり，「最後の砦」と言われることもある。課題の提出期限や他者との約束といったスケジュール管理，持ち物の管理，アルバイト先や仕事先への適切な連絡の取り方，友達や上司など関係性や距離感が異なる他者との上手な付き合い方など，高等学校段階で身に付けておくべきスキルは多い。卒業後，社会で自立して生活することを想定し，どのようなスキルを身に付けるかをトップダウン的に考える。

　指導に当たっては，検査などのアセスメント結果だけでなく，行動観察や教科担当からの情報といった学校生活の中に埋もれている情報に目を向けて生徒

の実態把握を行い，指導目標や具体的な指導内容を決定する。その際には，先述した交流感の充足に留意する。指導の基本的な流れは図3-2-1のとおりであるが，本人と話し合い，何のためにどのような学習をするのかを確認しながら進めることがポイントとなる。また，教師や保護者の側が感じている指導のニーズだけでなく，自分はどうなりたいのか，何ができるようになりたいのかという意向を本人から引き出し，目標や指導に反映させることも欠かせない。

本人との話し合いでは，うまくいかないことへの気づきを踏まえて作戦を立てる。半年後にはどうなっていたいかという近い将来の自分を想像して目標を決め，目標を達成するための方法や手立て，学習の筋道を示す。長所や良さを活用した指導も取り入れるが，指導を始める前に本人が自覚できていない長所や良さを伝えたとしても，実感を伴って理解することは難しい。指導を展開しながら具体的な方法を試し，うまくいった経験が増える中で「自分の特性（良さ）に合う方法を使えばいいんだ」と実感できるようにする。

ある生徒は，スケジュールの変更に対応することが難しく，日課が変わると通級指導を忘れて帰宅することが何度もあった。始めのうちはあまり気にしている様子がなかったが，何度か続くうちに自分なりに課題意識が芽生えていった。スケジュール管理やリマインドの方法として，スマートフォンなどのデジタルツールと付箋やメモなどのアナログツールを使ってみることになった。一定期間試してみると付箋やメモの方が自分に合っていると分かり，その方法を

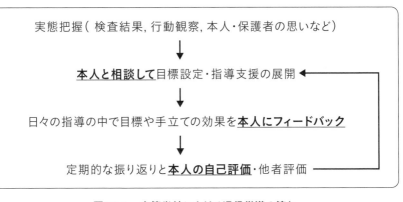

図3-2-1　高等学校における通級指導の流れ

使っていくことに決まった。その際に生徒が実感したことは,「アラームなどは消えてなくなってしまう情報なので止めたら忘れてしまう」「目に見える情報の方が自分に合っている」ということであった。その後,その生徒は必ず見るであろう筆箱や時間割に付箋を貼ってリマインドしている。

　高校生の年代は,卒業後の生活が現実的になってくるとともに,セルフモニタリングの力が高まってくる。また,できるようになりたいという強い思いから,伸びる度合いも大きい。現実的な目標を立ててメタ認知の力を利用しながら指導を進め,自分に合う方法を実生活で使うことによって完璧ではないが何とかなる経験を積み重ね,社会の中でやっていけるというプラスの思いを蓄えられるようにする。これこそが,高等学校における通級の役割である。

3 小・中・高に共通する通級の役割

(1) 直接的な役割

　通級指導を受けている児童生徒に対して,細かなアセスメントを実施して実態を把握し,長期・短期の目標を設定し,個に応じた指導や支援を進める。これは小中高どの段階でも共通している。この際,重要になるのが何を目標にするのか,つまりどのようなことができれば通級終了とするのかを指導者自身が意識することである。

　筆者は現在,高等学校で通級による指導を担当しているが,過去には17年間小学校の通級による指導を担当していた。そのときには,指導によって子どもの困難や課題が改善されるが,年齢が上がるにつれて新たな課題が生じることもあり,「目標を達成したから指導を終了する」という考え方ができていなかった。継続的に指導や支援が必要な存在として子どもをとらえていた。

　高等学校の通級担当として赴任し,高等学校における生徒の実態を知ったときに,その考えが変わった。通級による指導は,苦手なことをできるようにする治療教育的な側面と,得意なことを伸ばす伸展的教育,得意な面で苦手な面を補う補正的教育的な側面がある。中でも,伸展的教育によって自分の良さを知り自信を持てるようにすること,補正的教育によって自己支援の方法を身に

付け活用できるようにすることはとても大切だ。通級指導は，自分の得意と苦手を知り，自分に合う支援方法を知り，その支援方法をうまく活用することができるようにするという役割がある。例えるなら，補助輪や教習所である。補助輪で安全を保ちながら自転車の乗り方のこつを学び，こつを身に付けたら徐々に補助輪を外す。または，自動車の運転方法を学び，一人で運転できるようになったら教習所を卒業する。「この方法があればうまくいく」という思いを育てることで，これらができれば苦手さがあったとしても，次のステージで自分らしく生きていくことができる。

　子どもが学校で学ぶ時間は限られている。その限られた時間のうちに，一人でできることを増やして自信を付けることが大切である。先日，卒業を控えた高校3年の生徒の最後の通級指導があった。ある生徒は，スケジュールや提出物，持ち物の管理といった自己管理の方法を学習し，スキルを身に付けてきた。約1年間の指導を振り返り，通級指導の役割について次のように言った。

「ずっと助けてもらうことはできないので，学んだことを自分で生かしていかなくてはいけない。生かすための方法を教えてもらう場所が通級だと思う」

　別の生徒は，人から言われていることの真意が分かりにくいために，相手を不快にさせてしまう言動をとり，その結果対人トラブルが起きてしまうことがあった。1年間の通級指導を通して，場や相手に応じた言葉を選んだりこの行動をしてもよいかと考えて実行したりする力が育ち，自分でも変わったと実感できるまでに成長した。最後の指導日，次のようにつぶやいた。

「1年間で本当に変わることができた。もっと早くに通級指導を受けたかった」

　もし彼らの学校生活に残された時間があれば，指導を継続してさらにスキルを高め，できることも増えるだろう。しかし，その子どもに必要な方法やスキルを限られた期間に習得させることができたら，本人が「自分の力で頑張れそうだ」と感じることができるようになったら，指導の終了を選択しなくてはいけない。もちろん，その後も定期的なサポートは欠かせないが，サポートを

フェードアウトしながら自立する形に切り替える。これは高等学校だけでなく，小学校や中学校にも当てはまることだと感じている。

（2）間接的な役割

　通級指導教室はすべての小中学校に設置されているわけではない。通級による指導を直接受けることができるのは，ニーズがある児童生徒のうちの一部である。学習や生活，コミュニケーションで「うまくいかなさ」を感じているすべての子どもに個別指導をすることはできない。一人でも多くの子どもが「うまくいかなさ」を解消し，少しでも自信を持つことができるようにするために，通級指導が果たすべきもう１つの役割は，通常の学級や特別支援学級の担任とつながり，通級指導のノウハウをいろいろな場で使ってもらえるように情報発信することである。

　担任たちは，子どもたちに成長してほしい，その子に合った指導や支援をしたいと思っている。指導や支援の方法については書籍など参考になる資料が多く発行されている。しかし，目の前の子どもの見立て方やその子に必要な指導・支援の具体的な方法が分からない，方法が分かっても確信を持つことができないという現状がある。通級指導で蓄積された専門性をうまく活用してもらい，担任の先生たちの困っていることを聞いて一緒に指導や支援の方法を考える「フェローシップ」を発揮することも大事な役割である。

　また，情報発信に当たって意識したいことの一つが，生徒指導にも生かすことができる特別支援教育の視点である。日々の学校生活では，教師に対する反抗的な態度や授業における無気力，触法に至る問題行動など，様々な子どもの姿が見られる。現象となっている姿の背景には，学習やコミュニケーション，注意集中に難しさが潜んでいるかもしれない。現象を抑える指導を続けると，二次的三次的な問題につながりかねない。教員が子どもの発達特性という視点を持って行為の背景を考え，子どもに必要な指導や支援を考えることにより，困った状況を起こりにくくすることができる。

　「このように困難の背景を見とればいいのか」「この方法を使ったらスムーズにできる」と先生たちが感じることができれば，通常の学級にいながらニーズに合う支援を受けられる子どもが増える。適切な支援を受けられれば，自己評

価や肯定感を下げないで成長していける子どもが増えるだろう。

(3) 切れ目のない支援

　高等学校に通級の制度が整ったことにより，切れ目のない支援が可能になった。切れ目のない支援とはどのようなことであろうか。小学校で通級指導を受けていた子どもが，中学校になっても，さらには通級指導が受けられる高等学校に入っても，続けて指導を受けることであろうか。

　筆者はそれとは少し違う考えをもっている。先にも述べたように，通級指導は補助輪であり教習所である。子どもはコミュニケーションの仕方や自分の学び方を知り，それらを活用して自分の力でバランスを取りながら生活・学習していく。子ども自身が「何とかやっていけそう」「この方法があれば大丈夫」という思いを持って次のステージに進むことができる力を育て，子どもが所属している学級や中学校・高等学校という次のステージに支援をつないだところで，通級指導はその役割を終える。

　このようにして，理解者や支援者を得ながら自分の力で生活・学習することができるようになった子どもの補助輪を外し，教習所を卒業させたのち，次なるニーズのある子どもの指導支援を小中高どの段階でも開始できる環境を整えることが大切である。高等学校での通級指導を受けた生徒を見ると，限られた期間であっても全員が成長し，自信を付けている。「高等学校の段階ではもう遅い」と言う人もいるかもしれない。しかし，そのようなことはない。高等学校段階でも，これまでに十分学ぶことができなかったコミュニケーションスキルやライフスキルなどを学習し，身に付けることができる。

　子どもの困難さは環境との相互作用によって現れる。困難さに周囲が気付いたとき，すぐに支援できる環境が整えられていなくてはいけない。小学校，中学校，高等学校いずれの段階においても，子ども自身がリスタートできる機会が用意されているということこそ，切れ目のない支援である。

【引用・参考文献】

川村秀忠（2008）発達障害児の学習意欲をはぐくむ．慶應義塾大学出版会.
文部科学省（2010）生徒指導提要.

第4章

通級による指導の担当者の専門性

1 通級による指導の担当者の専門性を どう担保するか

山中ともえ

1 特別支援学級や通級指導の担当者の研修の現状

　教師の専門性を向上していくためには，研修が重要である。しかし，特別支援学級や通級による指導（以下，通級指導）の担当者は，小学校や中学校においては多くが学級担任であり，特別支援教育の専門性に特化した研修が十分とは言えない状況がある。学校内のみならず学校外で受ける研修の機会についても十分とはいえず，令和元年度全国特別支援学級・通級指導教室設置学校長協会の全国調査では，年に3回程度の受講機会という学校が26.3%で最も多かった。次いで6回以上が22.7%，2回が18.8%という結果であった。

　工夫を重ねながら実施している校内研修の方法については，年々，研修体制も進展しつつあり，スーパーバイザーを含め，専門家等に来校してもらって指導・助言を受ける割合や，特別支援学級や通級指導教室内のOJTによる研修の割合は高くなっている。伝達研修や指導書・専門書による研修に頼るのではなく，専門家等からの講話や経験者の実践から学ぶ形式が徐々に増えている。

　特別支援学級や通級指導を受ける児童生徒が増加しており，そこに携わる教師も増加している。保護者や本人から選択される学びの場として，教師の専門性の向上を目指した研修は不可欠である。今後は，ICTを活用したオンライン等の研修や，近隣の複数の学校の教員が参集して互いに学び合う研修など，さ

らなる研修の工夫が期待される。

2 通級による指導についての理解

(1) 通級指導のポイントを理解する

　令和元年度からは，大学の教員養成課程において特別支援教育に関する科目が必修となり，特別支援教育は教師として必須の知識となった。通級指導の担当者としては，それ以上の知識や力量が必要となる。しかし，通級指導がまだ一般的とは言い難く，指導内容や方法など，実践が積まれている段階である。また，担当するための資格や研修などに関する情報もなかなか得られない場合もある。

　通級指導は一人一人の児童生徒が障害による困難さを改善・克服していこうとする気持ちを支え，導いていくための指導であり，その指導は一人一人の状態に応じた個別の指導計画を作成することから始まる。この指導は，各教科の指導とは異なり，特別支援学校の学習指導要領にある自立活動という領域を参考にして行われることを十分に理解しておく必要がある。さらに，通級指導の対象となる児童生徒は，通常の学級に在籍しているので，学級担任と連携して指導計画を作成していく必要がある。

　教科書通りに指導していくものではなく，通級指導の担当者自身が，本人や保護者，学級担任あるいは医療や福祉機関等の関係機関と連携を図りながら指導計画を作成し，一人一人の状態の改善を目指して指導を行っていくものである。一人一人の児童生徒にじっくり向き合う姿勢が，教師としての基礎を学ぶことにもなる。地域によって，通級指導の体制が異なることもあるが，こうした通級指導の意義を理解して臨むことが大切である。

(2) 指導する児童生徒の在籍校や所属校における理解を促す

　担当している児童生徒が他校から指導を受けに来ていたり，通級指導の担当者が他校を巡回指導していたりするなど，教師が所属している学校以外の児童生徒を指導する場合もあり，指導を円滑に行うためには，全教職員に対して通

級指導についての理解を促すことが大切である。通級指導の担当者であっても，所属学校の一員であり，校務分掌や課外活動，学校行事を担当することもある。しかし，指導形態の関係で，他の教職員と同様に分掌等の業務ができない場合もあり，通級指導の内容を含め，指導の在り方について，周囲が理解できるように説明することも，通級指導の担当者として必要である。

　また，指導する児童生徒が他校の場合，その在籍校でも通級指導に対する理解を促すことも大切である。通級指導教室が設置されていない場合，その学校での理解が進んでいないことも見受けられる。他校で通級指導を受けていたとしても，通級指導は，その児童生徒の在籍校の特別支援教育体制の中に位置付けられるものである。指導内容や対象となる児童生徒，通級指導を受けるまでの手順などについて周知を図ることも通級指導の担当の任務の一つと考えたい。

　通級指導の担当者が所属する学校においても，また，指導する児童生徒の在籍校においても，指導を円滑に行い，学級担任と協働して児童生徒の状態の改善を図るために，通級指導の目的をしっかり説明し，周囲の理解を進めていくことが，担当者としての専門性を磨いていくことにつながる。

（3）担当者としての専門性を高める

　この場合の専門性とは，障害そのものについての知識や，障害のある児童生徒に対する指導内容・方法，実態把握の方法，先を見通す力，自立活動についての理解，保護者と連携する力，専門機関と連携する力など多くのことを指す。免許状としては特別支援学校教諭の免許状を取得することも推進されており，各自治体で免許取得のための講習会を開催するなどの対策が図られている。また，特別支援学校では，センター的機能として近隣の小・中学校とネットワークを構築し，特別支援学校の研修に関する紹介があったり，研修講師として小・中学校に派遣されたりするなどの取組もある。

　さらに，各自治体で実施されている研修への参加や，インターネットで様々な情報を得ることも可能である。特に，（独）国立特別支援教育総合研究所のホームページには，特別支援教育を担う担当教師のための多くの情報がある。また，各地域には障害に関する諸機関があり，担当する児童生徒を巡って，関係機関と連携することが専門性の向上にも役立つものである。最近では，放課後

等デイサービスの進展は著しく，多くの児童生徒が利用している。放課後等デイサービスは，障害のある児童生徒の療育機関であることから，それらの機関との連携から学ぶことも多い。

　教員免許以外にも，特別支援教育士や臨床発達心理士，学校心理士，言語聴覚士，公認心理師などの資格があり，資格の取得を目指したり，それらの研修会に参加したりする教師も増えている。しかし，障害についての専門性といっても，教師としての基礎が必要であることは言うまでもなく，若手教師については，「優れた教師に重要な3つの要素（平成17年10月 中教審答申）」を大切にしたい。

①**教職に対する強い情熱**―教師の仕事に対する使命感や誇り，子供に対する愛情や責任感など
②**教育の専門家としての確かな力量**―子供理解力，児童生徒指導力，集団指導の力，学級づくりの力，学習指導・授業づくりの力，教材解釈の力など
③**総合的な人間力**―豊かな人間性や社会性，常識と教養，礼儀作法をはじめ対人関係能力，コミュニケーション能力などの人格的資質，教職員全体と同僚として協力していくこと

3 研修体制の構築

（1）自治体内で同レベルの指導を目指す

　専門性の高い教師を育成するだけではなく，自治体全体で通級指導の質を高め，どの学校でも同レベルの指導が行われることが大切である。経験のある教師と組み合わせたり，効果的なOJTを実施したりする等の工夫を行い，新規採用の教師や通常の学級から異動してきたばかりの教師でも対象となる児童生徒に対して適切な実態把握を行い，それに基づいた個別の指導計画を作成し，指導が行えるようにならなければならない。また，自治体内で同レベルの通級指導が実施されるためには，通級指導の担当者の研修会の他，管理職の通級指導についての理解，通級判定の在り方，専門機関との連携なども大切である。

①管理職への研修

　管理職の理解を進めるためにも，通級指導教室を設置している学校だけではなく，全ての校長が特別支援教育の研修を継続していくことは大切である。自治体で目指す方向や課題等について共通理解を図り，全体で特別支援教育の取組を進めていくことで，通級指導の担当者に対する管理職の指導も充実することが考えられる。以下，管理職に対する研修内容の例を記す。

・通級指導に関する学校経営方針への位置付け方
・学級担任に対する通級指導の理解推進
・通常の学級と通級指導教室の連携の在り方
・個別の教育支援計画と個別の指導計画の作成と活用
・通級指導の成果を高めるための関係機関との連携の在り方
・特別支援教育に関する校内体制の整備
・管理職から見た通級指導担当教員の授業のポイント
・自治体における通級指導ガイドラインの作成・見直し　　　など

　これらの内容について，教育委員会担当者からの講話や他地区の先進校への視察，自治体内の管理職に対するアンケート実施等により，研修を一層深めていくようにした。これらの研修を進めることで，自治体内の学校が同一歩調で通級指導を実施できるようになり，管理職の意識の持ち方も変化していった。

②通級指導の判定会の仕組み

　自治体として通級指導の対象を明確にすることは，通級指導の質を高めることにつながり，通級指導の担当者の専門性の向上にも関わる。

　通級指導を受ける児童生徒については，各学校の校内委員会を経て教育委員会に申し込まれる場合が多い。教育委員会では，保護者や在籍校からの資料，諸検査の結果，通級指導担当教員の行動観察などを基に，保護者や本人に意思の確認を行った上で判断し，通級指導が開始される。これらの過程で，対象児童生徒について確認し，情報を共有することが通級指導の担当者の専門性の向上にもつながっていく。

③通級指導のガイドラインの作成

　自治体内に複数の通級指導指導教室がある場合，通級指導の在り方などが教室ごとに異なることもある。通級指導を受ける児童生徒が増加していくにあたり，自治体内で同レベルの指導を保つことが大切である。教育委員会や校長会などで，通級指導に関するガイドラインを作成することにより，担当者同士の連携や学び合いが進み，専門性の向上が図られることにもつながる。

(2) 経験に応じた研修を工夫する

　実施されている研修の内容としては，発達障害に対する理解や実態把握の方法，個別の指導計画の作成の手順，自立活動に関する理解，関係機関との連携の在り方など，様々な内容がある。書籍やインターネットを活用して知識を身に付けることはできるが，児童生徒への指導力や在籍学級担任・関係機関と連携する力などの実践力を高めていく研修など，経験に応じた研修も必要である。

①若手教師対象の研修会　（初級者研修）

　通級指導の担当の経験が浅い教師に対して，特別支援教育の基礎を学ぶ研修である。内容としては，国や都の動向・法令や教育課程の理解・個別の教育支援計画と個別の指導計画の作成と活用・障害特性の理解・多様な学びの場についての理解・関係機関についての理解・通常の学級との連携・保護者との連携等・特別支援教育史等が考えられ，通級指導の担当となっての不安に応え，モチベーションを高めていける系統的な内容を計画的に実施することが大切である。

②通級指導の全担当者対象の研修会　（中堅者研修）

　長期休業等を活用して，通級指導の担当全員が出席する研修会を実施したい。全員が参加することにより，互いに刺激を受け合うことができる。内容としては，児童生徒の実態把握や個別の指導計画の作成の手順・自立活動の授業研究・教材の工夫・関係機関との具体的な連携方法・面談の実際等が考えられる。

　研修方法として，聴くだけの講義ではなく，グループワークなどを取り入れるようにする。自治体内に複数の教室がある場合は，各主任を中心にして，様々な教室の教師が混じったグループを編成するなどして，参加方法を工夫する。内

容については，若手教師の悩みを分析した上で研修内容を設定し，中堅教師が
それに答える形にする。若手教師も中堅教師に遠慮することなく意見を述べら
れる雰囲気を大事にしたい。中堅教師は必然的に自身が研鑽を積んで準備して
おかなければならないので，リーダー育成にもつながる。研修内容は形骸化す
ることなく，実践的で効果的なものに改善していくことも大切である。以下，研
修内容の例を記す。

・用意された事例について，実態把握を行い，指導目標を設定する。
・実態把握に基づき指導計画を作成し，具体的な指導内容を検討する。
・各自が使用する教材を持ち寄り，その指導方法について検討する。
・学習指導要領解説（自立活動編）の改訂のポイントについて学び合う。
・自立活動の学習指導案について検討する。
・録画による授業研究により，個別指導や小集団指導を見学し，協議する。

　通級指導の経験が浅い教師が身に付けるべきこと，さらに中堅教師として力
量を高めることなどを整理し，系統的な研修として一つの学校だけではなく，自
治体や地域全体で専門性の向上を図りたい。

③教室主任対象の研修会・連絡会　（リーダー育成）

　各通級指導教室の主任が集まり，自治体からの伝達や各通級指導教室の課題
について共有する。自治体の目指す方向性を知り，通級指導のリーダー育成を
図る場とする。

（3）通級指導教室設置校における研修

①授業研究

　通常の学級では授業研究がさかんに行われており，同じように通級指導にお
ける授業研究も大事である。通級指導の担当者は自立活動の授業のイメージが
持てるように，授業のポイントを明確にして授業研究を進めたい。通級指導の
授業の観点を共有するために，自立活動として行う個別指導や小集団指導の視
点を明確にした授業チェックリストなどを作成すると，その後の協議に生かし

やすい。

　通級指導の担当者は，児童生徒のケース会議を実施することはあるが，互いの指導を見合う時間を十分には持てない状況がある。しかし，授業チェックリストを用いたり，互いの指導の録画を活用したりするなどして，授業研究も行いたい。最近では，ICTの活用が進んでいることから，オンラインによる授業研究なども工夫できる。

②専門家による助言

　通級指導では，心理士，作業療法士，言語聴覚士等の専門家からの助言を受けられる体制を整えている自治体も多い。専門家の助言は，児童生徒の実態把握を行ったり，指導内容を検討したりする場合に大変有効である。専門家からの助言を得られるケース会議も，通級指導の担当者にとって研修の場となる。ただ助言を聞くだけではなく，児童生徒の指導の経過や課題をまとめ，課題意識をもって，積極的にケース会議に臨みたい。

　専門家からの助言を得るために，最近では，オンライン等を活用している例も見られ，個人情報の保護に配慮しながら，ケース会議や研修会を工夫したい。

4 通級指導におけるPDCAサイクル

　通級指導で行われている指導は，特別支援学校の学習指導要領にある自立活動を参考にしており，障害による困難な状態を改善するために個別に指導計画を作成している。一人一人の障害の状態を的確に把握した上で，目標を設定し，指導内容を工夫しており，実施した指導に対する評価が大切である。

　児童生徒の指導を行うにあたっては，直接指導する時間の指導内容や方法も大事であるが，設定した目標への到達の程度を評価していくことも大切である。作成した計画（P）に基づき指導（D）した結果を評価（C）し，それを基に改善（A）する。1回の指導や1カ月間の短期間におけるPDCAサイクル，1学期間や1年間の長期間におけるPDCAサイクルなど，児童生徒の状態の改善を図るための評価を適切に行い，指導の改善に生かしていくことも，通級指導の担当者としての専門性の向上につながるものである。

2 通級による指導に係る国の経緯と 今後の方向性

加藤典子

1 国の制度に関する経緯

（1）制度の創設

　通級による指導は，平成5年に学校教育法施行規則の一部改正等により，小・中学校において制度化された教育形態である。

　制度化以前には，言語障害のある児童生徒を対象として，通常の学級で教科等の大半の授業を受け，障害に応じて特別の指導を受けるという教育が行われていた。当時の文部省では，平成2年6月に通級学級に関する調査研究協力者会議を設置し通級による指導を実施する場合の具体的な課題等について検討を行い，平成4年3月30日に「審議のまとめ」を発表し通級による指導の充実方策が示された。その報告を受け，法改正が行われ，通級による指導を受ける場合の教育課程の取扱いの明確化が図られたこととなった。

　平成5年の通級による指導の制度化の際に対象となっていた障害種は，言語障害，情緒障害，弱視，難聴，その他とされていた。その他としては肢体不自由と病弱・身体虚弱が想定されていた。

　この当時，学習障害及び注意欠陥多動性障害のある児童生徒への対応については検討課題の一つであったが，学習障害等の実態が明らかと言える状況ではなかったため，具体的な指導方法等について調査研究を行い，その結果を踏まえて検討されることとなっていた。

（2）指導対象の拡充

　平成13年10月9日に，全国の実態を踏まえながら特別支援教育の在り方について調査研究を行うこととなり，その調査研究事項の一つとして，小・中学校等における注意欠陥多動性障害や高機能自閉症等の教育的対応や，特殊学級，通級による指導の今後の在り方について挙げられていた。そして，平成15年に特別支援教育の在り方に関する調査研究協力者会議により，「今後の特別支援教育の在り方について（最終報告）」が取りまとめられ，その中で，小・中学校の通常の学級に在籍する学習障害，注意欠陥多動性障害等のある児童生徒に対する適切な対応の必要性が提言された。また，平成17年12月には，中央教育審議会が取りまとめた「特別支援教育を推進するための制度の在り方について（答申）」において，学習障害，注意欠陥多動性障害のある児童生徒についても，特別の場での指導及び支援を制度的に位置付けること等が明確に提言された。

　このような状況を踏まえ，平成18年3月に学校教育法施行規則の一部改正が行われ，平成18年度から学習障害，注意欠陥多動性障害のある児童生徒が通級による指導の対象とされた。これと併せて，情緒障害者の分類が整理され，自閉症と情緒障害に区分されることとなった。

（3）特別支援教育の推進

　平成19年度からは，知的な遅れのない発達障害も含めて，特別な支援を必要とする幼児児童生徒が在籍する全ての学校において，特別支援教育が実施されることとなった。

　平成19年9月には，我が国は「障害者の権利に関する条約」に署名し，同条約に示された教育の理念を実現するための特別支援教育の在り方について，中央教育審議会初等中等教育分科会において審議を行った。そして，平成24年7月に「共生社会の形成に向けたインクルーシブ教育システム構築のための特別支援教育の推進（報告）」が取りまとめられた。この報告の中で，障害のある子供と障害のない子供が同じ場で共に学ぶことを追求するとともに，個別の教育的ニーズのある子供に対し，自立と社会参加を見据えて，その時点で教育的ニーズに最も的確に応える指導を提供できる，多様で柔軟な仕組みを整備すること

が重要であり，通常の学級，通級による指導，特別支援学級，特別支援学校といった，連続性のある「多様な学びの場」を用意しておくことが必要であるという考え方が示された。多様な学びの場の整備に関して，通級による指導については，教員の巡回による指導等を行うことにより，自校で通級による指導を受けられる機会を増やす等の環境整備を図っていく必要があり，通級による指導を行うための教職員体制の充実が必要であると示された。

（4）高等学校における通級による指導の制度化

　高等学校においては，学校教育法で，障害による学習上又は生活上の困難を克服するための教育を行うことが明記されているが，以前は学校教育法施行規則において「特別の教育課程」を編成することが規定されていなかった。したがって，高等学校においては法令上通級による指導を実施することは可能とはなっていなかった。しかし，高等学校にも，中学校から引き続き通級による指導を必要とする生徒，学習上や生活上で困難を抱えている生徒，自尊感情の低下等二次障害的な課題が生じている生徒等がいるということから，高等学校における通級による指導の制度化の必要性が高まってきた経緯がある。

　平成21年8月に，特別支援教育の推進に関する調査研究協力者会議に置かれた高等学校ワーキング・グループにおいて，「高等学校における特別支援教育の推進について（報告）」が取りまとめられた。その中で，高等学校における通級による指導についての将来の制度化を視野に入れ，各地域・学校の実態・ニーズに即し，通級による指導に類した種々の実践を進める必要があることが示された。

　その後，平成24年7月の「共生社会の形成に向けたインクルーシブ教育システム構築のための特別支援教育の推進（報告）」でも，高等学校においても，自立活動等を指導することができるよう，特別の教育課程の編成について検討する必要があることが指摘された。

　平成26年度から29年度には，文部科学省において，「高等学校における個々の能力・才能を伸ばす特別支援教育充実事業」を実施し，障害に応じた特別の指導について高等学校においても実践研究を進めてきた。

　並行する形で，高等学校における特別支援教育の推進に関する調査研究協力

者会議で，高等学校における通級による指導の制度化及び充実について集中的な議論が行われ，平成28年3月に「高等学校における通級による指導の制度化及び充実方策について（報告）」において，高等学校における通級による指導の制度化について提言された。

こうした状況を踏まえ，平成28年12月に学校教育法施行規則等関係法令を改正し，平成30年度より高等学校において通級による指導が開始されることとなった。

(5) 通級による指導に係る教員の基礎定数化

平成29年3月に，公立義務教育諸学校の学級編制及び教職員定数の標準に関する法律等が一部改正となり，通級による指導に係る教員定数の基礎定数化が行われた。平成29年度より10年かけて，小・中学校の通級による指導に係る教員の加配定数分を基礎定数化することとなった。

2 通級による指導の担当教員の専門性向上について

(1) 通級による指導の担当教員（通級担当教員）の役割

通級による指導を受けている児童生徒にとって，一人一人の教育的ニーズに対応した学びの充実を目指すことは，能力と可能性を最大限に伸ばし，将来の自立と社会参加のためにとても重要である。通級による指導が十分な教育効果を上げるためには，特別支援教育や通級による指導に関する専門的な知識や技能を持った教師が，児童生徒の障害の状態や教育上必要な支援等を的確に把握し，それに応じた指導を行うことが重要である。

一方，通級による指導を受ける児童生徒数の増加に伴い，通級担当教員も増加している。人的配置に関しては，通級による指導に関する知識や経験が十分でない教師が担当することも少なくない現状も見られており，通級担当教員の専門性の向上及び担保が求められている。

通級担当教員は校内や地域内の特別支援教育を推進する上で重要なキーパーソンであり，通級担当教員を配置する際には求められる役割等を十分に勘案し，

適任の教師を充てることが大切である。

　通級担当教員に求められる役割については，

・通級による指導を受ける必要のある児童生徒の早期発見
・特別支援学校小学部・中学部学習指導要領に示されている自立活動の目標や内容を理解し通級による指導における児童生徒への指導
・通常の学級の担任と連携した児童生徒への支援や通常の学級担任への助言
・校内外の特別支援教育コーディネーターとの連携
・校内委員会への協力

などが考えられる。

（2）通級担当教員に求められる専門性と向上策

　通級担当教員に求められる役割を果たすためには，通常の教育課程に基づく指導の専門性を基盤として，以下のような専門性を習得することが求められる。

・特別の教育課程編成
・個別の教育支援計画や個別の指導計画の作成と活用
・障害の特性等に応じた指導方法
・自立活動を実践する力
・障害のある児童生徒の保護者支援
・保護者や関係諸機関との連携
・通級指導教室の経営力
・コンサルテーション能力

　このような専門性を習得するための方策として，現在も都道府県や市区町村において研修の機会が設定されているが，その方法や内容を充実させていくことが必要である。

　令和3年1月に取りまとめられた「新しい時代の特別支援教育の在り方に関

する有識者会議報告」において，通級担当教員に求められる専門性向上のために，以下のような方策が示されている。

- ・OJT による研修体系の構築やオンライン等による多様な研修方法の工夫を図るとともに，「初めて通級による指導を担当する教師のためのガイド」等の参考資料の普及を図る必要がある。
- ・小学校等の教職課程における特別支援教育の基礎的内容に関する学修成果を高める工夫等について取組事例を共有するとともに，小学校等の教職課程において，特別支援学校の教職課程の一部の単位の取得を推奨し，都道府県教育委員会等に対して，当該単位の取得を教員採用試験の加点要素として考慮することも考えられる。
- ・現職の通級担当教員等について，特別支援学校教諭免許状取得に向けた免許法認定講習等を活用し，例えば自立活動や発達障害に関する事項など，資質向上に資する知識技能等の修得を促すことが必要である。
- ・通級担当教員等の専門性向上のため，新たな免許状を創設するべきという意見については，各自治体における免許保有者の人事配置上の課題や，通常の学級における発達障害のある子供の指導の充実の観点等から課題があることに鑑み，まずは，特別支援学校教諭免許状取得に向けた免許法認定講習等の活用等に積極的に取り組み，その後，平成31年度入学生から適用された新しい小学校等の教職課程の成果等も踏まえて更なる検討を行うことが考えられる。
- ・独立行政法人国立特別支援教育総合研究所等が効果的な研修プログラムを開発し，都道府県教育委員会等において活用することも有効であると考えられる。

　通級による指導の場の設置と専門性のある通級担当教員の配置は，児童生徒一人一人の教育的ニーズに即した適切な指導及び必要な支援の充実や連続性のある多様な学びの場の充実，そして，インクルーシブ教育システム構築に向けた特別支援教育の更なる充実に寄与する体制整備であると考えられる。

　通級担当教員の専門性向上に向けて，各地域の実情に応じた研修体系の整備

や人材育成，多職種との連携協力体制の構築等，更なる推進・充実に向けた取組が期待される。

【引用・参考文献】

中央教育審議会初等中等教育分科会報告（2012）共生社会の形成に向けたインクルーシブ教育システムの構築のための特別支援教育の推進．

文部科学省（2021）新しい時代の特別支援教育の在り方に関する有識者会議報告．

文部科学省（2009）高等学校ワーキング・グループ報告—高等学校における特別支援教育の推進について．

文部科学省初等中等教育局長通知（2006）学校教育法施行規則の一部改正等について．

文部科学省初等中等教育局長通知（2006）通級による指導の対象とすることが適当な自閉症者，情緒障害者，学習障害者又は注意欠陥多動性障害者に該当する児童生徒について．

文部科学省初等中等教育局長通知（2007）特別支援教育の推進について．

文部科学省（2017）発達障害を含む障害のある幼児児童生徒に対する教育支援体制整備ガイドライン：発達障害等の可能性の段階から，教育的ニーズに気付き，支え，つなぐために．

文部科学省（2018）改訂第3版障害に応じた通級による指導の手引き—解説とQ&A．海文堂

文部省初等中等教育局長通知（1993）学校教育法施行規則の一部改正等について．

特別支援教育の推進に関する調査研究協力者報告（2016）高等学校における通級による指導の制度化及び充実方策について．

第5章

通級に期待されることと
これからの可能性

大塚　玲

1 はじめに

（1）通級による指導の発展と課題

　1993年に通級による指導の制度が学校教育のなかに正式に位置づけられ，四半世紀以上が経過した。この間，学校関係者や保護者のニーズの高まりを受け，通級による指導は量的にも質的にも大きな発展を遂げた。

　制度が開始された1993年度，通級による指導を受けた児童生徒は，小・中学校合わせて12,000人ほどであったが，特別支援教育が開始された2007年度には約45,000人と，4倍近くに増加した。さらに高等学校での通級による指導が開始された2018年度には小・中・高校合わせて約123,000人となり，その数は1993年当初の10倍以上となった（文部科学省，2020）。

　通級指導を受けている児童生徒の障害種も大きく様変わりしている。かつて通級による指導といえば，「ことばの教室」と呼ばれる言語障害通級指導教室がその主役であった。通級による指導開始の1993年度，言語障害の児童生徒は全体のおよそ79％を占めていた。しかし，2006年にLD等が通級による指導の対象となって以降，発達障害のある児童生徒の数が飛躍的に増加し，2019年度には，LD，ADHD，自閉症，情緒障害の児童生徒を合わせると全体のおよそ68％を占めるようになっている。

　このように通級による指導は，質的にも量的にも大きな発展を遂げてきてはいるものの，依然としてそのニーズに十分に応えているとはいいがたい。「平成29年度通級による指導実施状況調査結果について」（文部科学省，2018）によると，2017年度に通級指導教室を設置しているのは，小学校は4,399校，中学校で

は809校である。これは公立小学校の22%，公立中学校ではわずか6％ほどで
しかない。

　ところで，自分の通っている学校に通級指導教室が設置されており，そこで
指導を受ける，いわゆる自校通級の児童生徒は小・中学校ともに54%を占める。
それに対して自分の学校には通級指導教室がないため，通級指導教室のある学
校まで指導を受けに行っている他校通級の児童生徒は40%ほどである。先に示
したように，自校に通級指導教室が設置されている小・中学校の割合は非常に
少ないにもかかわらず，自校通級が約半数を占めている。すなわち，通級によ
る指導が望ましいと思われる場合でも，自校に通級指導教室が設置されていな
児童生徒は，指導を受けにくい状況にあることの証左であり，通級による指導
が抱える課題の一つである。

(2)「ポストコロナ」に向けての児童生徒の学び

　本稿を執筆している2021年2月現在，いまだ世界中で新型コロナウイルス感
染拡大防止のための闘いが続いている。

　2019年12月に中国武漢で確認された新型コロナウイルス感染症の猛威は瞬く
間に全世界に拡散した。わが国でも2020年2月28日には，政府によって3月2
日から春季休業の開始日までの間，全国一斉の臨時休業が要請された。さらに，
4月7日に東京など7都府県に発令された緊急事態宣言が，4月16日には全国
に拡大されたため，多くの学校で5月末まで臨時休校が延長された。子どもた
ちが長期間学校に登校できないという異例の事態となったのである。その後，学
校は再開されたものの，「3つの密」を避ける，「マスクの着用」「手洗い」といっ
た「新しい生活様式」を踏まえた学校生活が続いている。

　しかし，この危機は変革のチャンスでもある。新型コロナウイルス感染症が
引き起こした緊急事態により，日本社会の課題が露わとなり，改革に取り組ん
でいかなければならないという機運が高まっている。これまでなかなか変えら
れなかった古い日本の教育の仕組みが，この1，2年の短い期間に一気に大きく
進展する可能性がある。その一つが教育のオンライン化とデジタル化である。

　おりしも，2021年1月に中央教育審議会は「「令和の日本型学校教育」の構築
を目指して〜全ての子供たちの可能性を引き出す，個別最適な学びと，協働的

な学びの実現〜（答申）」を取りまとめた。そこでは，2020年代を通じて実現を目指す学校教育を「令和の日本型学校教育」とし，その姿を「全ての子どもたちの可能性を引き出す，個別最適な学びと，協働的な学び」としている。そして個別最適な学びと，協働的な学びを実現するためには，学校教育の基盤的なツールとして，ICTが必要不可欠であると指摘している。

　以下では，先に述べてきた通級による指導の課題や「ウィズコロナ」「ポストコロナ」時代の学校教育のあり方を踏まえながら，通級による指導への期待と今後の可能性について考えてみたい。

2 通級指導教室におけるICTの活用

　新型コロナウイルス感染拡大により，子どもたちが長期に渡って学校に通えないなか，欧米各国や中国ではオンライン授業が積極的に展開された。対照的に日本のほとんどの公立小・中学校はオンラインでの教育を実施せず，学校のデジタル化で世界に大きく後れをとっていることが浮き彫りになった。

　事実，2018年度PISAのICT活用調査では，日本はネット上でのチャットやゲームを利用する頻度の高い生徒の割合が高く，かつその増加の程度が著しい一方で，学校の授業（国語，数学，理科）におけるデジタル機器の利用時間が短く，OECD加盟国中最下位であることが報告されている（国立教育政策研究所，2019）。

　こうした状況に対して文部科学省は，2023年を目標達成としていた「GIGAスクール構想」の前倒しを決めた。学校の臨時休業時においても，ICTの活用によりすべての子どもたちの学びを保証できる環境を実現するため，児童生徒1人1台の端末配備や学校ネットワーク環境の整備を2021年3月末までに達成するべく，2020年度補正予算に2,292億円を計上した。

　これまで「GIGAスクール構想」を唱えながら，学校のオンライン化は遅々として進まなかった。しかし，コロナ禍のなかで子どもたちの学びを保障する手段として，ICT環境の整備が急速に進み，学校の教育活動も大きく変わる可能性がでてきた。それはまた，特別な支援を必要とする児童生徒にとっても大きな変化をもたらすことになる。

その一つは，通常の学級において１人１台の端末配備が当たり前の状況になると，これまで合理的配慮の方法として効果的だといわれていてもなかなか活用されなかったICTが無理なく使用できるようになることである。

　しかし，そこでの問題点はこれまで授業などでICTを利用してこなかった教員のデジタルリテラシーの低さである。ICT配備やネットワーク環境が整備されても，それを活用して指導する教員の側の不安感が大きい。教員を対象とした研修の充実が図られてはいるが，多忙を極めるなか，ICTを授業の中で効果的に活用できる状態まで習得するための労力や時間を確保できる教員はかなり限られている。

　そこで，通級指導教室の出番である。例えば，書字障害のある子どもに対して鉛筆で文字を書く代わりに，キーボード入力にするのか，音声入力にするのかといったように，合理的配慮を行う場合，在籍学級においてどのようなICTをどのような場面で，どのように活用すればその子どもの学びを充実したものにできるのか。通常の学級で導入する前に通級指導教室で試してみたり，練習してみたりするといったことが望まれる。タブレットやコンピュータなどのICT機器を上手に扱うスキルを通級指導教室で学ぶことも期待できる。

　二つ目は，ICTを活用することで子どもの習熟度や障害特性に応じた個別最適な学びが実現できることである。例えば，LDの子どものひらがなやカタカナ，漢字，英単語の読み書きや計算能力といったスキルの習得などへのAIドリルの活用である。AIドリルであれば，LDの子どもの習熟度や誤答パターンに応じて個別に適切な課題が提供されることが期待できる。しかし，認知特性の振れ幅が大きいLDの子どもに対する既成のAIドリルの有効性については，必ずしも十分な検討がなされていない。そのため，発達障害のある子どもたちにAIドリルを活用するさいに，通級による指導において個別的な指導の中でその使い方や付加的な支援の必要性の有無などをきめ細やかに検討する必要がある。そのような場として通級指導教室は有効な指導の場となりえる。

　三つ目は，自校に通級指導教室が設置されていない児童生徒を対象とした同時双方向型オンライン授業（遠隔授業）による通級による指導である。先に述べたように，通級による指導を受けている児童生徒の数は年々増えており，そのニーズに見合うだけの数の教室の設置や担当教員の配置が追い付いていない。特

に中学校における整備の遅れは顕著である。さらに，通級指導教室の設置状況に地域格差があり，自校に通級指導教室がないために保護者の送迎等の負担のためにあきらめざるを得ない児童生徒の存在や，居住している自治体に通級指導教室がないため指導を受けることができない児童生徒の存在が大きな課題となっている（大塚・山元，2019）。巡回指導を大幅に増やしたり，東京都のようにすべての小・中学校で通級による指導を受けることができるようになればよいが，財政的な制約もあり，容易ではない。

　オンラインで通級による指導が受けられるような体制が整えば，必要とされるすべての子どもに通級による指導を保障しうる仕組みへと大きく歩を進めることができる。オンライン授業のシステムを活用することで，指導の様子を子どもの学級担任や保護者に見てもらう機会を作ったり，情報交換する機会を作ったりすることがそれほど負担なくできるようになる。さらには経験の浅い通級担当者が他校のベテランの担当者から助言を受けたり，外部の専門家の助言を得ることが可能となる。

　以上で述べたようなことは，すでに一部の通級指導教室では試行的に実施されている。こうしたことがどこの通級指導教室でもごく当たり前のように行われるようになることが期待される。

3 特異な才能のある子どもの支援

　タイに住むディー（愛称）君は，プログラミングに並外れた才能を持つ13歳の日本人の少年である。「高い志と異能をもつ若者の発掘と支援」を目的として2016年に設立された孫正義育英財団の第1期生に選ばれている。現在は，AI開発企業Grid社で学生インターンとして活動しており，社会人に「辞書型チャットボット」や「物体検出」を教えている。ディー君は，自身が自閉スペクトラム症であることを公表している。集団行動が苦手で，興味のないことだと，授業中でもどこかへ行ってしまうなど，日本に住んでいたころは学校からも近所の住民からも苦情が毎日のように届いていたという（大川，2019）。

　ディー君のように特定の領域の優れた才能をもちながら，一方で発達障害のようにある領域では特異的な困難を持つ子どもたちは2E（twice-exceptional：

「二重に特別な」という意味）と呼ばれ，日本でも関心が高まっている。

　「「令和の日本型学校教育」の構築を目指して〜全ての子供たちの可能性を引き出す，個別最適な学びと，協働的な学びの実現〜（答申）」においても，「特定分野に特異な才能のある児童生徒に対する指導」が取り上げられており，「例えば，単純な課題は苦手だが複雑で高度な活動は得意など，多様な特徴のある児童生徒が一定割合存在するなかで」，「このような児童生徒を価値のある存在として尊重する環境を築くことが重要である」と指摘している。

　しかし，現在の学校は2Eの子どもたちにとって，決して適応しやすい環境とはいえない。2Eの子どもは自分のやりたいことには熱心に取り組むが，関心のないことにはまったくやろうとしなかったり，自分なりのやり方にこだわったりする。計算ドリルや漢字ドリルのような単純な作業を繰り返す宿題などはやろうとしない。授業で教えられることはすぐに理解できたり，すでに知っていることであったりするので，授業に集中せず，他のことをやっているため，担任や周りの子どもたちから，やればできるのにやらないといわれたり，さぼっているとか，ずるいといわれたりする。一方で，生活面では提出物が出せない，忘れ物が多い，時間が守れないといったことで周囲から非難されたり，いじめを受けたりすることもある。

　通常の学級では，2Eの子どもたちの能力に適した環境が整っておらず，ニーズを満たすための環境整備にも限界がある。松村（2016）は，2E生徒の支援の1つとして，通級指導教室を基盤とした才能への支援をあげており，合理的配慮で障害バリアが取り除かれた上で，より高度な学習内容にアクセスできる発展的学習が適切であると述べている。

　すでに横浜市では2017年度より文部科学省から研究委託（先導的実践研究加配，通級指導教室に関する教職員の理解啓発専門性向上事業）を受け，2Eの子どもへの指導モデルを構築するための「通級型指導教室：コラボ教室」を開設して，実践研究を進めている（岡田，2020）。このような実践の成果が広く周知され，全国に広がっていくことが期待される。

4 特別支援教室構想の実現

　特別支援教室は，2005年の中央教育審議会答申「特別支援教育を推進する制度の在り方について」において構想として示されたものである。障害のある児童生徒が，原則として通常の学級に在籍し，必要な時間に特別の場で障害に応じた教科指導や，障害に起因する困難の改善・克服のための指導を行う形態とされている。しかし，特別支援教室の導入は，通級指導教室や特別支援学級担当の教員の十分な配置など，克服すべき課題が残されており，いまだ実現されていない。

　特別支援教室構想を実現するための道筋の一つは，どの学校にも通級指導教室が設置され，校内で通級による指導が受けられるようにすることであろう。校内に通級指導教室があれば，送迎の可否にかかわらず，必要な児童生徒に通級指導が可能になり，移動時間の負担がなく，学校での学習の一部（取り出し補充のような形）として指導を受けることができるようになる。

　通級担当者にとっては，児童の実態や学校の支援体制が把握でき，指導方針や指導内容の判断をつけやすくなる。学級担任と課題を共有し，一緒に考えることができるし，時間をおかずに問題を解決することができる。退級した児童や通級指導の必要性が感じられる児童について，学級での様子を観察したり，担任に助言をしたりすることができる。学級担任は通級児童生徒だけでなく，それ以外の気になる児童生徒について，学級の中での課題や必要な支援について専門的な知識を持つ通級担当者に相談しやすくなる。

　東京都では，2016年度から特別支援教室の設置を開始した。2018年度には都内全ての公立小学校に設置が完了し，2021年度までに都内の全ての公立中学校に設置をする予定である。東京都の特別支援教室は，通常の学級に在籍する発達障害又は情緒障害のある児童生徒を対象として，発達障害教育を担当する教員が各学校を巡回して指導することにより，これまで通級指導学級で行ってきた特別な指導を児童生徒が在籍校で受けられるようにするものであり，制度上は通級による指導に位置つけられるものである（東京都教育委員会，2018）。

　このような仕組みが全国に広がり，子どもたち一人一人の教育的ニーズに対応した指導が，必要なときに必要なだけできる柔軟な制度とそれを可能とする

人的配置ができるだけ早く実現できることが期待される。

【引用・参考文献】

国立教育政策研究所（2019）OECD生徒の学習到達度調査（PISA）〜2018年調査補足資料〜（生徒の学校・学校外におけるICT利用）.

松村暢隆（2016）アメリカの2E教育の新たな枠組：隠された才能・障害ニーズの識別と支援. 關西大學文學論集，66（3），143-171.

文部科学省（2018）平成29年度通級による指導実施状況調査結果について.

文部科学省（2020）特別支援教育資料（令和元年度）.

岡田克己（2020）通級指導教室における2E教育の取り組み. 小児の精神と神経，60（1），38-49.

大川恵実（2019）孫正義が認めた12歳の天才は元「教室の問題児」. AERA，2019年6月10日増大号，28.

大塚玲・山元薫（2019）巡回指導およびサテライト方式による通級による指導：岡山県，兵庫県，長野県の取り組み. 静岡大学教育学部附属教育実践総合センター紀要，29，228-235.

東京都教育委員会（2018）小学校における特別支援教室の導入ガイドライン（改定版）.

著者紹介（執筆順）

笹森　洋樹（ささもり・ひろき）　独立行政法人国立特別支援教育総合研究所
発達障害教育推進センター上席総括研究員
（兼）センター長

山下　公司（やました・こおじ）　札幌市立南月寒小学校教諭

松本　妙子（まつもと・たえこ）　光市立浅江小学校教諭

近藤　幸男（こんどう・ゆきお）　横浜市立鴨志田中学校通級指導教室主幹教諭

伊藤　陽子（いとう・ようこ）　仙台市立八乙女中学校教諭

川村　修弘（かわむら・のぶひろ）　宮城教育大学附属特別支援学校教諭・
宮城教育大学附属小学校上杉学習支援室長

熊本　靖（くまもと・やすし）　宮崎県立日南振徳高等学校教諭

冢田三枝子（つかだ・みえこ）　横浜市立仏向小学校長

堀川　淳子（ほりかわ・あつこ）　広島市教育委員会特別支援教育課課長補佐

山中ともえ（やまなか・ともえ）　東京都調布市立飛田給小学校長

加藤　典子（かとう・のりこ）　文部科学省初等中等教育局特別支援教育課
特別支援教育調査官

大塚　玲（おおつか・あきら）　静岡大学教育学部教授

監修者紹介

柘植雅義(つげ・まさよし)

筑波大学人間系障害科学域教授。愛知教育大学大学院修士課程修了，筑波大学大学院修士課程修了，筑波大学より博士（教育学）。国立特殊教育総合研究所研究室長，カリフォルニア大学ロサンゼルス校（UCLA）客員研究員，文部科学省特別支援教育調査官，兵庫教育大学大学院教授，国立特別支援教育総合研究所上席総括研究員・教育情報部長・発達障害教育情報センター長を経て現職。主な著書に，『高等学校の特別支援教育Q&A』（共編，金子書房，2013），『教室の中の気質と学級づくり』（翻訳，金子書房，2010），『特別支援教育』（中央公論新社，2013）『はじめての特別支援教育』（編著，有斐閣，2010），『特別支援教育の新たな展開』（勁草書房，2008），『学習障害(LD)』（中央公論新社，2002）など多数。

編著者紹介

笹森洋樹(ささもり・ひろき)

独立行政法人国立特別支援教育総合研究所発達障害教育推進センター上席総括研究員（兼）センター長。横浜国立大学大学院修士課程修了。小学校の通級指導教室担当，横浜市特別支援教育総合センター指導主事，横浜市教育委員会指導主事を経て現職。通級による指導，通常の学級における指導・支援，学校体制づくり，早期からの支援システム，高等学校における特別支援教育に関する研究等に取り組んでいる。主な著書に，『特別支援教育サポート事典「子どもの困った」に対応する99の実例』（編著．合同出版．2015），『写真でわかるはじめての小学校生活』（編著．合同出版．2014），『はじめての通級指導教室担当BOOK 通級指導教室運営ガイド』（編著．明治図書．2014）など多数。

ハンディシリーズ 発達障害支援・特別支援教育ナビ

通級における指導・支援の最前線

2021 年 12 月 16 日　初版第 1 刷発行　　　　　　　　　［検印省略］

監修者	柘　植　雅　義
編著者	笹　森　洋　樹
発行者	金　子　紀　子
発行所	㈱ 金　子　書　房

〒112-0012　東京都文京区大塚 3-3-7
TEL　03-3941-0111 ㈹
FAX　03-3941-0163
振替　00180-9-103376
URL　https://www.kanekoshobo.co.jp

印刷／藤原印刷株式会社　製本／一色製本株式会社
装丁・デザイン・本文レイアウト／ mammoth.

子どもの特性や持ち味を理解し、将来を見据えた支援につなぐ

発達障害のある子の自立に向けた支援

―― 小・中学生の時期に、本当に必要な支援とは?

萩原　拓 編著　　　　　A5判・184頁　本体1,800円＋税

通常学級にいる発達障害のある子どもが、将来社会に出て困らないための理解や支援の
あり方を紹介。学校でできる支援、就労準備支援、思春期・青年期に必要な支援などを、
発達障害支援・特別支援教育の第一線で活躍する支援者・研究者・当事者たちが執筆。
好評を得た「児童心理」2013年12月号臨時増刊の書籍化。

CONTENTS

Ｋ 金子書房

自閉スペクトラム症のある子への性と関係性の教育

具体的なケースから考える思春期の支援

川上ちひろ 著　　　　A5判・144頁　本体1,800円＋税

自閉スペクトラム症
のある子への
性と関係性の教育

具体的なケースから考える思春期の支援

川上ちひろ 著

中京大学教授　辻井正次先生 推薦!

「性」の領域は、タブーや暗黙のこととされることが多く、発達障害の子どもたちにとって指導が必
要な領域です。本書は、通常学級などに在籍する知的な遅れのない発達障害の子どもたちを対
象に、「性」の問題を、そこにいる他者との「関係性」のなかで、どう教えていくのかについての実
践的な内容が書かれています。多くの子どもたちと保護者・教師を助けてくれる1冊となるでしょう。

主な内容

第Ⅰ部　思春期のASDのある子どもの性と関係性の教育について
「性と関係性の教育」とは何か／思春期を迎えたASDのある子どもの性的文脈の関係の複雑さ
／従来の「性教育」「性の捉え方」からの脱却／ASDのある子どもの性と関係性に関わる問題
行動について／家族や支援者の悩み・陥りやすい間違った関わりについて／ほか

第Ⅱ部　具体的ケースから考える――ASDのある子どもの性と関係性の教育・支援
男女共通・どの年代でもあてはまる話題／とくに思春期の女子にあてはまる話題／とくに思春
期の男子にあてはまる話題

Ｋ 金子書房

ハンディシリーズ

発達障害支援・特別支援教育ナビ

柘植雅義 ◎ 監修